TOMMY TENNEY

Busquemos a DIOS, *Sirvamos al* HOMBRE

Encuentros divinos
entre la cocina de Marta
y la adoración de María

EDITORIAL
UNILIT

Publicado por
Editorial Unilit
Miami, Fl. 33172
Derechos reservados

© 2003 Editorial Unilit (Spanish translation)
Primera edición 2003

© 2001 por GodChasers.network
Pineville, LA
Originalmente publicado en inglés con el título:
Chasing God, Serving Man
por Fresh Bread, un sello de
Destiny Image
Shippensburg, PA, USA

Traducido al español por: Nancy Pineda

Citas bíblicas tomadas de: La Santa Biblia, Nueva Versión Internacional © 1999 por la Sociedad Bíblica Internacional; La Biblia al Día © 1979 International Bible Society; Santa Biblia, revisión 1960 © Sociedades Bíblicas Unidas; y La Biblia de las Américas
© 1986 The Lockman Foundation.
Usadas con permiso.

Producto 495276
ISBN 0-7899-1039-X
Impreso en Colombia
Printed in Colombia

Dedicatoria

A los ujieres e intercesores, secretarias y cantantes.

A Bart y Coralee Pierce y Tommy Barnett, quienes me enseñaron mucho acerca de servir al hombre (aun desde la distancia).

A Ed Miller, Billy Cole y Tom Barnes, quienes me enseñaron mucho acerca del servicio a Dios.

Si a veces me siento espiritualmente esquizofrénico, me divido entre la adoración de María y el servicio de Marta, esas personas que prestan ayuda para equilibrar mi vida.

A Billy Joe y Sharon Daughtery, por ser los parteros en el proceso del nacimiento.

A Thomas Trask, quien demuestra dignidad mientras sirve. A Elmer Towns, quien estimuló mi apetito por escribir: le rindo homenaje por las cosas que aprendí mediante nuestros cruces en los trayectos de búsqueda.

A David y Nita, Brenda y Lloyd, Stephen y Sherrie, Karyn y Tiffany, por ayudarme a mantener el equilibrio en mi vida privada.

A mamá y papá, Jeannie y mis tres hijas, por enseñarme que el equilibrio es cordura.

Contenido

Prefacio 7

Reparto 8

Capítulo uno   Madrigueras y nidos de aves 11
Desde una cuna prestada a una tumba prestada

Capítulo dos   ¿Betania o Belén? 29
¡La segregación espiritual es mala!

Capítulo tres   ¿Por qué no es como yo? 41
¿Alguna vez se llevarán bien María y Marta?

Capítulo cuatro Y mucho menos 57
Dejen a María ser María; dejen a Marta ser Marta

Capítulo cinco   Demasiado pesado para volar 71
¿Qué significa ser «pesado»?

Capítulo seis   Espiritualmente bipolar 87
¿Soy María o soy Marta?

Capítulo siete   ¡Sus zapatos no me quedan bien! 101
Etapas fuera de la zona de comodidad

Capítulo ocho   La prioridad de su presencia 115
¿Cuándo servimos? ¿Cuándo adoramos?

Capítulo nueve   ¿Puede montar en bicicleta? 131
El arte del desplazamiento por la constante compensación

Capítulo diez   La iglesia está casi siempre un poco «desequilibrada» . 151
El pueblo de Dios puede ir de lo «sublime» a lo «ridículo»

Capítulo once   Efectos de la proximidad 171
Los beneficios secundarios de vivir cerca de una Betania

Capítulo doce   Construyamos una Betania 181
Donde se cruzan la pasión y la compasión

Prefacio

No cabe duda que este será el libro más controversial que he escrito. Los buscadores de avivamiento dirán: «Tommy abandonó la búsqueda». Los socialmente practicantes del ministerio de la compasión dirán: «Al fin Tommy ha recuperado el sentido». La verdad está en alguna parte entre la cocina de Marta y el altar de María.

Marta y María están en una aparente enemistad eterna. En este libro, quizá exista un tratado de paz. No he abandonado la búsqueda. Estoy viviendo en paz en el centro: adorando y trabajando; buscando a Dios, sirviendo al hombre.

Reparto

María la del frasco de alabastro: la hermana que sirvió a Jesús de rodillas, con un corazón quebrantado, la adoración de las lágrimas y la preciosa unción del aceite.

Marta la de la cocina: la hermana mayor y propietaria de la casa de la familia que, desde la cocina, sirvió con fidelidad alimentos, bebidas y un sinnúmero de comodidades humanas a Jesús y sus invitados.

Lázaro el de la tumba vacía: el hermano de María y Marta, y el único hombre a quien un Amigo de la familia resucitó de los muertos. (También fue el único hombre al que Jesús llamó su amigo.)

Simón el ex leproso y titular de banquetes: el propietario de la casa en que María y Marta proporcionaron la última festividad de Betania por la Divinidad y la humanidad bajo un mismo techo.

Judas Iscariote el discípulo y el traidor de Jesús: el que guardaba el dinero y el más franco crítico humano de la adoración costosa en el Nuevo Testamento.

Jesús y los discípulos continuaron su viaje a Jerusalén y llegaron a cierto pueblo en el que una mujer llamada Marta los hospedó. La hermana de Marta, María, se sentó a los pies de Jesús a escucharlo. Marta, preocupada con la preparación del banquete, impaciente, le dijo a Jesús:

—Señor, ¿no crees que es injusto que mi hermana esté allí sentada mientras yo me mato trabajando? Dile que venga a ayudarme.

—Marta, Marta —le respondió el Señor—, te preocupas demasiado por estas cosas. Solamente existe una cosa digna de preocupación, y María la ha descubierto. No seré yo el que se la quite (Lucas 10:38-42, LBD).

Jesús amaba a Marta, a su hermana y a Lázaro (Juan 11:5, NVI).

Seis días antes de las ceremonias de la Pascua, Jesús llegó a Betania, donde vivía Lázaro, el hombre al que había resucitado. La familia de este preparó un banquete en honor de Jesús [en la casa de Simón, un hombre que había sido leproso].

Mientras Marta servía y Lázaro estaba sentado a la mesa con Jesús. María tomó un frasco de un costoso perfume de esencia de nardo, le ungió los pies a Jesús y luego los secó con sus cabellos. La casa se llenó de fragancia.

Pero Judas Iscariote, uno de los discípulos de Jesús, el que lo traicionaría, dijo:

—Ese perfume vale una fortuna. Debían haberlo vendido para darles el dinero a los pobres.

Y no era que él se preocupara tanto por los pobres, sino que manipulaba los fondos del grupo y muchas veces sustraía dinero para usarlo en beneficio propio.

—Déjenla —replicó Jesús—. Ella está haciendo esto en preparación para mi entierro. A los pobres siempre los podrán ayudar, pero yo no voy a permanecer con ustedes mucho tiempo [Ella me ha bañado en perfume para prepararme para la sepultura. Lo que ha hecho se sabrá en todas partes del mundo en que se prediquen las buenas nuevas] (Juan 12:1-8, LBD, con detalles de Mateo 26:6-13, LBD).

Capítulo uno

Madrigueras y nidos de aves

Desde una cuna prestada a una tumba prestada

¿Alguna vez ha viajado a un lugar distante solo para descubrir que olvidó hacer una reservación de hotel? Cada viajero experimentado sabe lo que se siente al llegar a un lugar solamente para enterarse que el hotel extravió su solicitud de reservación, dejándolo sin hospedaje por la noche.

El primer encuentro de Jesús como un humano en la tierra comenzó en Belén con un cartel de «No hay lugar», marcando el comienzo de su frustrante búsqueda por un felpudo de bienvenida en la tierra. Lo cierto es que Él fue desde una cuna prestada a una tumba prestada en busca de un lugar para recostar su cabeza. La extraña paradoja de este cuadro es el hecho de que se trata del Incógnito Propietario, el Divino Creador que fue a mendigar la suficiente hospitalidad para nacer en el humilde campo de lo creado.

El administrador del Hotel Belén simplemente no sabía a quién le negó dar albergue cuando rehusó darles lugar a José, María y al santo bebé. Quizá seguía los procedimientos preestablecidos o tenía poca paciencia por las interrupciones del protocolo normal. ¿Era posible que creyera que se hubiera notado que no había una reservación previa? (No importa que los profetas ya hubieran declarado con anterioridad el mensaje: «El Mesías viene», y que dijeran de manera específica que llegaría a Belén, la ciudad de David, la «casa del pan».[1]) En cualquier caso, sabemos que le dijo a la ilusionada pareja con el burro: «Sigan adelante».

11

¿No es raro que Jesús *todavía* encuentra carteles de «No hay lugar» en muchísimas «casas del pan» (iglesias) que hoy llevan su nombre? Quizá estén llenas de hombres, pero están vacías de Dios. Están llenas a toda capacidad con sus procedimientos establecidos de servicios religiosos, agendas de reuniones y protocolos de adoración preaprobados.

«Las zorras tienen madrigueras y las aves del cielo nidos, pero el Hijo del Hombre no tiene dónde recostar la cabeza».

Esas prestigiosas casas de adoración despliegan con orgullo sus cuidadosos controles sobre lo que opinan que es excesivamente elaborado, extremismos religiosos y los peligros de desenfrenada pasión. Siempre que algo o alguien aparezca en la puerta mostrando las señales de fertilidad espiritual, se niegan a darle cabida por Dios. (No hay nada como la pasión manifiesta de complacencia para sentirse amenazado y fuera de lugar.) Con rapidez ponen su cartel de «No hay lugar» y siguen con la iglesia como de costumbre mientras la visitación «sigue adelante» en busca de otro lugar de morada. Se prefiere un establo espiritual que la amplitud del mesón del hombre.

El deambular de la Divinidad en la tierra es dolorosamente común en las Escrituras. Al principio de su ministerio, Jesús le advirtió a uno que iba a ser su discípulo: *«Las zorras tienen madrigueras y las aves del cielo nidos, pero el Hijo del Hombre no tiene dónde recostar la cabeza».*[2] Me da tristeza decir que este pasaje todavía define un supremo obstáculo que bloquea la visitación divina.

LA DIVINIDAD IRRUMPIÓ
DESDE UN HUMILDE ESTABLO

Sin darse cuenta, esa noche el administrador del humilde establo hospedó la Divinidad en su hotel de animales de su pequeña aldea. El resto es «su historia»; una historia transformada cuando la

Divinidad invadió la humanidad desde un humilde establo de Belén.

Uno nunca sabe a quién va a dar cabida cuando uno alberga la humanidad, podrían ser ángeles que le pillen desprevenido.[3] La Divinidad quizá aparezca cuando menos lo espera. Vale la pena practicar siempre la hospitalidad a los santos. ¡Creo que las narraciones del Evangelio sobre la llegada de Jesús a Belén habría sido diferente hoy si el mesonero de Belén hubiera sabido a quién estaba rechazando! Me pregunto, ¿cuán a menudo nuestra historia se transformaría si supiéramos a quiénes *nosotros* estamos rechazando?

Parece muy obvio que el error de la humanidad en fallar hospedar a Jesús en la infancia reaparece como una falta de voluntad para mostrar hospitalidad por el Mesías en la madurez. Las narraciones de la Biblia, y a menudo las prácticas del pasado y del presente en la iglesia, confirman esta observación. Nos negamos a creer en su concepción, pasándolo por alto en su nacimiento y crucificándolo en su madurez. Tal es la historia del avivamiento.

Parece que María y José le ofrecieron bastante amor y lo cuidaron y protegieron para hacer que la niñez de Jesús fuera agradable, pero aun así surgieron momentos de dificultades debido a su deidad y misión divina.

Sabemos que Jesús tuvo un intenso y prolongado encuentro con los maestros de la ley en el tempo de Jerusalén durante la fiesta de la Pascua a los doce años de edad. También comprendemos que su decidida devoción a «los negocios de su Padre» creó una obvia tensión que retó en gran parte las percepciones terrenales de María y José:

Cuando le vieron, se sorprendieron; y le dijo su madre: Hijo, ¿por qué nos has hecho así? He aquí, tu padre y yo te hemos buscado con angustia. Entonces él les dijo: ¿Por qué me buscabais? ¿No sabíais que en los negocios de mi Padre me es necesario estar? Mas ellos no entendieron las palabras que les habló.[4]

Ya la dificultad de la unción comenzó a sentirse más en casa dentro de la atmósfera de adoración del templo, aunque Él se fue a casa con la humanidad: «Así que Jesús bajó con sus padres a Nazaret y vivió sujeto a ellos».[5]

¡NUNCA HA HABIDO UNA CABEZA COMO LA SUYA!

Una vez que Jesús dejó el hogar de su adolescencia y se lanzó a su ministerio en la madurez, fue cada vez más difícil encontrar un lugar agradable. ¿Por qué? ¿Por qué era más fácil que una zorra encontrara una madriguera y un pájaro hiciera su nido que Jesús encontrara un lugar en el cual reposar su cansada cabeza? *¡Porque nunca ha habido una cabeza como la suya!*

Puesto que el ministerio me exige pasar mucho tiempo en la carretera, a menudo me llevo a mi esposa y a mis hijas. En esas ocasiones, mi personal hace las aclaraciones detalladas para asegurar la reservación de habitaciones «conectadas» en el hotel. Esto permite que mis hijas tengan sus habitaciones, a la vez que mi esposa y yo tengamos la nuestra. Necesitamos «jugar a mamá y papá» incluso mientras viajamos.

Después de muchísima y frustrante educación, aprendimos que hay una gran diferencia entre «habitaciones contiguas» y «habitaciones conectadas». ¡Que el cielo lo ayude si usted o su empleado del hotel no comprenden eso! ¡Aprendí de mala manera que incluso el personal más experto del hotel a menudo no comprende la diferencia entre habitaciones «conectadas» y «contiguas»! (La definición parece bastante simple: Las habitaciones contiguas están una al lado de la otra, pero no tienen una puerta entre ellas, mientras que las habitaciones conectadas tienen una puerta en común que permite el libre acceso entre ellas.)

Mientras ministraba en la zona de la ciudad de Nueva York, nos encontramos en la recepción de un hotel, perteneciente a una de las cadenas hoteleras más respetables de Estados Unidos, enfrascados en un diálogo que era demasiado conocido:

—Disculpe, señora, pero el empleado de las reservaciones cometió un error. Nosotros pedimos específicamente *habitaciones conectadas*, pero eso no es lo que usted nos dio.

—Pues bien, le hemos dado una al lado de la otra. ¿No fue eso lo que pidió?

Sentí que el calor de la frustración comenzó a subir, pero apreté mis dientes y dije:

—Señora, usted no comprende. Esta noche tengo dos hijas pequeñas conmigo. No les permitiré que se queden sin mi esposa o sin mí en una habitación de hotel. Eso es inaceptable.

—Señor, le hemos dado *habitaciones contiguas*. Eso es todo lo que podemos hacer.

—¿De modo que lo que usted dice es que me voy a quedar solo en una habitación esta noche, mientras que mi esposa y mis hijas pueden estar juntas al otro lado de una pared divisoria?

La empleada tartamudeó un poco antes de balbucear:

—¡Pero es que están una junto a la otra!

—No —dije—, yo quiero que estén *conectadas*.

Fue lamentable, pero a esas horas de la noche, la empleada no podía hacer nada al respecto (aunque estoy *seguro* que lo deseaba).

De mala gana entré en la habitación *contigua pero no conectada* y con cansancio me recosté contra la puerta de entrada. Luego fijé la vista en el espacio en blanco de la pared donde debía haber estado (y *debía* tener) la «puerta de conexión». Mientras más miraba a esa pared, más extrañaba a mi esposa y mis hijas del «otro lado». *¿Por qué hago esto?*, pensé. *¡La razón de traer a mi familia conmigo es para poder estar CON ella!*

Entonces mi mente comenzó a trabajar. «Wal-Mart está en esta misma calle», me dije en voz alta. «¡Ahora podría buscar una sierra mecánica y arreglar este problema bien rápido! Con gastar unos pocos dólares comprando una sierra, abriría un hoyo a través de la pared divisoria y pondría ahí mismo una puerta que conecte…» Me trajo a la realidad calcular los cargos que el hotel añadiría a mi cuenta. En comparación, el dinero que se gastaba en la compra de la sierra era insignificante.

LA DIVINIDAD DERRIBÓ
LA PARED QUE DIVIDE

A pesar de mi frustrante cavilación en ese momento, no podía hacer una puerta esa noche. Sin embargo, ¡el Padre celestial usó esa situación para que recordara que a menudo Él se siente de la misma manera! Recordé que Él estaba tan ofendido por la pared intermedia que en realidad creó su propia puerta. ¡A través de la obediencia de su Hijo! Casi lo visualizo diciendo: «¿Por qué colocaría esto? ¡Lo que me motivó a crear la humanidad fue para estar CON ella!»

«Algunos quizá indiquen con razón que Dios mismo erigió esa pared protectora, pero que pensó bastante en el género humano que decidió "remodelar" el cielo al crear una nueva y viviente "puerta de acceso" para todos los hombres a través de su Hijo».

Dios siempre ha detestado los «velos». La primera vez que tuvo el derecho legal rasgó el velo, hizo lo irreparable y lo mantuvo abierto. Pablo dijo a los efesios: «Él mismo [derribó] la pared intermedia de separación».[6] Otra versión dice: «Él […] destruyó el muro».[7]

Si Dios destruyó el muro de separación, eso significa que había una pared divisoria que antes lo separaba de sus hijos.[8]

Algunos quizá indiquen con razón que Dios mismo erigió esa pared protectora, pero que pensó bastante en el género humano que decidió «remodelar» el cielo al crear una nueva y viviente «puerta de acceso» para todos los hombres a través de su Hijo. Jesús dijo a sus discípulos:

«Ciertamente les aseguro que yo soy la puerta de las ovejas. Todos los que vinieron antes de mí eran unos ladrones y unos bandidos, pero las ovejas no les hicieron caso. Yo soy la puerta; el que entre por esta puerta, que soy yo, será salvo. Se moverá con entera libertad, y hallará pastos».[9]

¿Sabe cuánto pagó Dios para «remodelar» el cielo, a fin de crear la puerta de entrada? A veces, mientras percibimos la presencia de Dios en la adoración, le indicamos con orgullo lo que nos costó estar allí. Recuerde que esa carrera profesional, el tiempo, el dinero y el placer son apenas símbolos. Considere qué le costó a Él visitarnos en la adoración. Quizá una reconsideración de Juan 3:16 pondría en perspectiva el costo de la visitación divina:

Porque de tal manera amó Dios al mundo, que ha dado a su Hijo unigénito, para que todo aquel que en él cree, no se pierda, mas tenga vida eterna.[10]

Cuando llegó el tiempo de Dios para derribar la pared intermedia entre nosotros, Él no fue a una ferretería ni a una tienda de liquidaciones para comprar una «sierra mecánica». Destruyó la pared que dividía legalmente o rasgó el «velo» de la carne de su Hijo para crear la puerta divina de acceso entre el cielo y la tierra.

¿CUÁNTO DETESTABA DIOS LAS COSAS QUE SEPARABAN?

Considerando el gran costo de nuestra salvación, ¿cuánto cree que Dios detestaba las cosas que lo separaban de sus hijos hoy?

Casi tan pronto como Jesús quitó la pared divisoria del pecado y reapareció la mano derecha del Padre en el cielo, ¡comenzamos una vez más a reconstruir barreras religiosas!

Pablo censuró públicamente a Pedro y Bernabé por resucitar las viejas paredes divisorias de la raza y la religión que los separaban de los «inmundos» gentiles cristianos.[11]

Cuando los apóstoles comenzaron a caer en el martirio y los años progresaron, la iglesia se apartó de la libertad de Jesús comprada en la cruz para abrazar las ataduras de la agenda religiosa del hombre y establecer una vez más «mediadores» fabricados por el hombre.

Una y otra vez, ¡Dios intervino para enmendar a la iglesia derribando los muros que hemos construidos y restaurando las cosas que perdimos a través de la apatía y la apostasía! (Casi como si tuviera que reinventar constantemente a la iglesia.) Trajo reformación a través de Martín Lutero y otros grandes reformadores; restauró las Escrituras al hombre común y corriente por medio de William Tyndale; y prendió la llama de la oración por medio de los moravos, el avivamiento por medio de los Wesley y la transformación a través de un sinnúmero de personas que lanzó a cientos de renovaciones, avivamientos y «despertamientos» espirituales.

A través de todo esto, Dios enfrentó nuestra tendencia a desviarnos de la *pasión de su presencia* para ir hacia la relativa comodidad de la «tibia vida religiosa». El Señor tiene un tiempo difícil para «caber» en las iglesias tibias que se han convertido en tan comunes en nuestra generación.[12] Sin habitación… no hay avivamiento. Hemos aprendido la manera de hacer que la iglesia sea agradable para el hombre, ¿pero dónde está la iglesia que aprendió la manera de hacer las cosas agradables para Dios?

EL PROBLEMA ES QUE JESÚS
ERA DE «DOBLE NATURALEZA»

A diferencia de los viajes de los Tenney, Jesús no dijo: «El Hijo del Hombre no tiene dónde recostar su cabeza»[13] porque viajara con hijos. Lo dijo debido a su *naturaleza única*. Jesús no indicó: «No tengo amigos». Ni decía: «No tengo suficiente dinero para conseguir una habitación de hotel». Estaba diciendo:

«Tengo un tiempo difícil para buscar un lugar en el que me pueda instalar y donde me sienta cómodo». El problema es que Jesús era de «doble naturaleza».

Si Jesucristo fuera puramente Dios, serviría cualquier templo de adoración legítima. Si fuera solo un hombre, serviría cualquier hotel de cuatro estrellas. El problema es que Él era Dios *y* hombre. Tenía que buscar un refugio que fuera un lugar de adoración para la divinidad y un lugar de hospitalidad para la humanidad. Necesitaba un lugar de descanso que le hiciera sentir en casa como Deidad, mientras que a la vez se ocupara de sus necesidades humanas. ¡Sin pared intermedia!

Una cosa es hospedarlo solo como Dios o servirlo puramente como hombre. Otra cosa, sin embargo, ¡es hospedarlo como Dios y hombre al mismo tiempo!

Pensamos que sabemos qué hacer por la Divinidad. Algunos de nosotros nos paramos y levantamos nuestras manos para alabarlo y darle gloria mientras otros caen de rodillas en arrepentimiento y adoración ante Él. Por las Escrituras sabemos que uno honra a Dios mediante la adoración. Si fuera solo un hombre, sería incluso más sencillo mostrarle hospitalidad haciendo frente a las necesidades con las que estamos bien identificados. Lo que se nos hace muy difícil es la combinación Mesiánica.

Cualquier estudio de las narraciones del Evangelio aclara que Jesús visitaba a menudo ciertos lugares. Comprendemos por qué visitó Jerusalén con tanta frecuencia. Se menciona por nombre ochocientas veintiuna veces en la Biblia, y Jesús la llamó «la ciudad del gran Rey».[14] Damos por sentado que Capernaúm es una de la lista porque Jesús hizo muchos milagros allí y con regularidad se quedaba en una casa en esa ciudad.[15]

¿QUÉ TRANSFORMÓ LA CASA DE MARÍA Y MARTA EN UN HOGAR?

¿Qué me dice de Betania? ¿Por qué parece que Jesús se quedaba en Betania cada vez que iba a Jerusalén? ¿Qué hacía que ese lugar fuera tan especial? Creo que Jesús estaba cómodo en la casa de María y Marta porque se atendía tanto su humanidad como su divinidad. Creo que la casa se convirtió en un hogar para Jesús porque *María atendía su divinidad y Marta hospedaba su humanidad.*

Esta pequeña aldea está situada en el lado opuesto del Monte de los Olivos desde Jerusalén. Por las Escrituras sabemos que Betania estaba a «camino de un día de reposo»[16] de Jerusalén, o aproximadamente a un kilómetro y medio.[17]

Esto es importante porque los fariseos tenían una regla que se podía caminar solo determinados pasos los sábados. Cualquiera que diera un solo paso más transgredía la ley. (Este es el origen literal de la frase: «Paseo del domingo por la tarde».)

Jerusalén era una ciudad amurallada, pero por alguna razón, Jesús prefirió dejar Jerusalén y quedarse en Betania. La aldea estaba apenas dentro de la «distancia de desplazamiento» legal para los viajeros judíos ansiosos de seguir los principios de la ley.

HABÍA ALGO ÚNICO EN ESA CASA

Cada vez que Jesús venía a Betania, parece que siempre tendía acabando en la casa de María y Marta.[18] ¿Era porque Marta tenía la casa más grande? No sabemos cuán grande era su casa; simplemente sabemos que era la dueña[19] y que hubo algo que hizo que Jesús se sintiera allí como en casa. Había algo único en esa casa.

Cualquier cosa que fuera, dio lugar a que la misma Persona que dijo: «El Hijo del Hombre no tiene dónde recostar su cabeza», por sus acciones dijo: «Puedo recostar mi cabeza aquí. Mi deidad *y* mi humanidad están en casa en este lugar. Aquí me siento bienvenido y respetado; me siento acogido».

La hospitalidad es un arte. Una cadena de restaurantes italianos que frecuento parece que posee una comprensión única de la hospitalidad. Cuando traspasa la puerta de esos restaurantes, le recibe un empleado que le abre personalmente la puerta a usted.

Ahora bien, un «simple administrador de negocios» daría muestras de censura y diría: «Usted podría hacer mejor uso de ese empleado que le mantiene la puerta abierta si lo tuviera limpiando mesas o sirviendo a los clientes». Creo que por fortuna, en este restaurante prevalece un pensador de miras amplias. Alguien aprendió el toque del potencial disponible a través del arte de la hospitalidad. El valor y el disfrute de la cena en cualquier restaurante surge cuando alguien corre «la milla extra» para crear el buen ambiente de hospitalidad que hace que los clientes se sientan cómodos.

NECESITABA RECIBIR HOSPITALIDAD
EN DOS CAMPOS

Hubo algo en el ambiente de la casa de María y Marta que hizo que Jesús se sintiera cómodo allí. Estoy convencido de que el secreto de su comodidad comienza con su doble naturaleza. Era todo Dios y todo hombre. Eso significa que necesitaba recibir la hospitalidad en dos campos.

La doble naturaleza de Jesús se muestra constantemente en los Evangelios. Uno de los ejemplos más claros involucra una pequeña barca de pescar, una gran masa de agua y una furiosa tormenta:

> *Y de pronto se desató una gran tormenta en el mar, de modo que las olas cubrían la barca;* **pero Jesús estaba dormido.**
>
> *Y llegándose a El, le despertaron, diciendo: ¡Señor, sálvanos, que perecemos!*
>
> *Y Él les dijo: ¿Por qué estáis amedrentados, hombres de poca fe? Entonces se levantó, reprendió a los vientos y al mar, y sobrevino una gran calma.*[20]

Esta descripción hace que la mayoría de los pescadores en mi estado natal de Louisiana[21] piensen enseguida en el lago Pontchartrain, un gran lago al norte de la ciudad de Nueva Orleans. Los entusiastas deportistas y los pescadores profesionales en otras regiones como Wisconsin, Michigan, Illinois y Ohio pueden tener una imagen de la pesadilla de estar atrapados en una pequeña embarcación cuando surge de repente una de esas increíbles tormentas de invierno en los lagos Superior, Michigan o Erie.

Incluso los pescadores profesionales admiten que puede ser bastante espeluznante navegar en un pequeño bote durante una tormenta. Pedro, Jacobo y Juan pescaron en las aguas del mar de Galilea en barcas que no eran grandes según nuestras normas, pero que eran lo suficiente espaciosas para llevar a Jesús y los doce discípulos.

Parece que al menos siete de los doce discípulos eran pescadores profesionales, hombres que pescaron toda su vida en las aguas del mar de Galilea.[22] Jesús estaba dormido en el fondo de la barca cuando se desató una tormenta tan fuerte, ¡que incluso esos experimentados pescadores estaban convencidos de que se iban a ahogar!

Cuán mala tiene que ser una tormenta para que Pedro, el intrépido y seguro de sí mismo pescador, dijera: «Muchachos, ¡creo que nos vamos a morir!» *¿Cuán acertado sería que Jesús durmiera en medio de una tormenta como esa?*

EL PROFUNDO SUEÑO DE JESÚS EN LA TORMENTA PRUEBA SU HUMANIDAD

Algunos podrían argumentar que esto prueba su divinidad, al razonar: «Él era Dios; por lo tanto, se podía dormir en cualquier parte». Al contrario, ¡creo que es una prueba de su humanidad! Este incidente brinda una prueba sólida como la roca de que la humanidad de Jesús se transformaría en «huesos cansados».

En algunas semanas, tengo que hablar tres veces los sábados y tres veces los domingos en más de cuatro iglesias diferentes o conferencias. Al final del último servicio del domingo por la noche, creo que me dormiría como un bebé si alguien fuera lo bastante amable para recostarme en un rincón.

Pienso que Jesús tenía tanto cansancio que solo estaba tendido en un profundo sueño. Uno tiene que estar bastante cansado para que una partida de marineros preocupados lo sacuda por los hombros y diga: «Si no te despiertas, ¡te vas a hundir sin saberlo!»

Cuando Pedro y los demás despertaron con desesperación a la humanidad exhausta de Jesús, su divinidad se levantó y reprendió el viento y las olas. Esta es una perfecta instantánea de la naturaleza dual de Jesucristo.

SU HUMANIDAD DESEÓ FRUTO; SU DIVINIDAD REPRENDIÓ LA FALTA DE FRUTOS

En otro lugar, la humanidad de Jesús deseó alimento, de modo que buscó el fruto entre las verdes hojas de una higuera. Cuando su humanidad falló en encontrar fruto a pesar de que estaba llena de hojas, típica señal de salud y frutos en la higuera, la divinidad de Jesús reprendió el árbol y se secó hasta la raíz.[23]

El Evangelio de Marcos denota que el hambre del Señor no estaba al tanto de que no era la temporada de llevar fruto, pero el problema en realidad tenía que ver con la «señal» de la higuera que estaba preparada para dar temprano sus frutos. En cualquier caso, parece que Jesús deseaba convencer a sus discípulos acerca del tema de la «falta de frutos».

Puesto que soy humano, el alimento (o la falta de este) es un serio problema para mí, sobre todo con mi dificultoso itinerario del ministerio. A menudo es difícil encontrar algún alimento bueno para comer a las altas horas en que soy capaz de hacer un alto para una comida. Al final, comenzamos a pedirles a nuestros anfitriones que nos llevaran a un hotel con «servicio completo» para solucionar nuestro singular problema.

Fue cuando descubrí que algunas personas tienen una definición diferente a la mía de lo que es un «hotel de servicio completo». La mayoría de los lugares en que quieren hospedarnos son en realidad hoteles buenos. Ofrecen habitaciones limpias y un desayuno ligero, lo cual es todo lo que necesitaría si no tuviera que competir con un itinerario fuera de lo común.

El problema es que a veces no como en todo el día porque estoy volando desde la mañana hasta la noche para llegar al lugar de reunión. A menudo me ducho y me llevan con tanta urgencia al lugar de reunión que enseguida entro, hablo esa noche, oro y animo a personas espiritualmente hambrientas hasta tarde en la noche. Al final, llego tambaleante a mi habitación de hotel a las once y media de la noche, o después, y me doy cuenta que no he comido por doce horas o más. Las cosas pueden ser difíciles para mí si el hotel no tiene servicio a habitación, o si el servicio termina a las diez de la noche porque el cocinero se fue a casa.

Muchos hoteles que no tienen «servicio completo» no cuentan con un restaurante en las dependencias. Por lo general, no tengo auto porque mis amables anfitriones me recogen y me llevan a mi muy agradable habitación. Muchas veces tengo que pedirle al conductor: «¿Podríamos pasar por un supermercado o una tienda de comestibles?» Entonces paseo por los solitarios pasillos a las once y media de la noche, preguntándome: *¿Qué puedo llevar a la habitación para comer?*

MUCHAS PERSONAS NO COMPRENDEN QUÉ SE REQUIERE PARA UNA VISITACIÓN DE DIOS

Estoy seguro que mis anfitriones me aman y sé que hicieron todo lo posible para atenderme lo mejor posible. El problema era que no lo comprendieron. Del mismo modo, hay muchas personas que apenas comprenden lo que requiere una visitación de Dios. *Nunca* compararía una visita de Tommy Tenney con una visita de Dios; solo estoy diciendo que las personas no comprenden.

Dios quiere un «hotel de servicio completo». ¿Qué es un «hotel de servicio completo» para Dios? Es un lugar que da atención a su humanidad mientras que también hospeda la Divinidad.

Nos guste o no, Dios no se quedará en un motel. Tiene que estar en una suite que tenga servicio completo. No estará satisfecho con hospedaje que presente habitaciones contiguas. (Soportó eso por más de un milenio cuando los hombres estaban separados permanentemente de Él por el velo del pecado y la división religiosa.) Desea nada menos que habitaciones conectadas.

Siempre que Dios y el hombre al final se conecten, usted tiene la casa de Betania. Lo que comenzó en Belén con un cartel de «No hay lugar», terminó con un lugar para que Él recostara su cabeza. La visitación en Jerusalén ocurrió *porque* hubo un Betania.

Notas

1. Tommy Tenney, *En la Búsqueda de* Dios, Editorial Unilit, Miami, FL, 1999, pp. 35-54.

2. Mateo 8:20, LBLA.

3. Véase Hebreos 13:2.

4. Lucas 2:48-50.

5. Lucas 2:51a, NVI.

6. Efesios 2:14, LBLA.

7. Efesios 2:14, DHH.

8. Me doy cuenta que, según Pablo, la pared intermedia era «la ley con todas sus ordenanzas», la cual separaba a los gentiles de la rica herencia del pueblo judío que se encontraba en la ley y los profetas. La ley, sin embargo, puso de manifiesto los efectos terminales del pecado y la imposibilidad del hombre de «ganarse» la salvación a través de las obras. Incluso el pueblo judío, haciendo lo mejor que podía para guardar las regulaciones de la ley, no recuperó la intimidad del Edén junto con la gracia de Dios. Mi opinión es que la solución del Padre celestial para ambos problemas era «abrir un hoyo a través de la pared intermedia» al enviar a su único Hijo engendrado, Jesucristo, a liberar a judíos y gentiles por igual a través de su muerte expiatoria en la cruz y la resurrección de la tumba.

9. Juan 10:7,9b, NVI.

10. Juan 3:16.

11. Véase Gálatas 2:11-16.

12. Véase Apocalipsis 3:14-22.

13. Mateo 8:20b, LBLA.

14. Véase Mateo 5:35. El número de veces que se menciona Jerusalén se citó del «Programa de búsqueda» para la palabra clave «Jerusalén», en «QuickVerse 4.0 Deluxe Bible Reference Collection», de Parsons Technology, One Parsons Drive, P.O. Box 100, Hiawatha, IA 52233-0100.

15. Véase Marcos 2:1. Puesto que el Señor dijo que no tenía un lugar para recostar su cabeza, sabemos que Jesús no era dueño de esta casa que se menciona en el Evangelio de Marcos. Quizá pertenecía a uno de sus muchos discípulos que tal vez vivía en Capernaum.

16. Marcos 11:1 vincula el monte del Olivar, o monte de los Olivos, con Betania, y Hechos 1:12 dice que el monte del Olivar, el sitio de la

ascensión del Señor al cielo, estaba de Jerusalén a «camino de un día de reposo».

17. Merrill C. Tenney, ex decano de la escuela de postgrado de la Universidad Wheaton, dijo que Betania estaba a «una milla [1,6 km] al este de la cuesta del Monte de los Olivos», en su notable texto, *Nuestro Nuevo Testamento*, Editorial Portavoz, Grand Rapids, MI, 1973, p. 216 (del original en inglés).

18. Lucas 10:38 dice que Marta acogió a Jesús «en su casa». Algunos escritores piensan que Marta era una viuda que recibió dinero y una propiedad después de la muerte de su esposo. (En las narraciones de los Evangelios nunca se menciona al esposo.) Eso ayudaría a explicar cómo tenía medios para atender a Jesús (así como para brindarles las cosas esenciales a su hermano menor y a su hermana).

19. Los Evangelios se refieren a tres «María» que a menudo la gente confunde unas con otras. La Biblia también describe una mujer no identificada y con una mala reputación que ungió a Jesús con un ungüento precioso, lavó sus pies con lágrimas y los secó con su cabello. Un debate teológico muy antiguo continúa acerca de «cuántas María» hubo allí y qué hicieron, cuándo y dónde. Algunos dicen que hubo cuatro María; otros dicen que hubo tres (refiriéndose a María de Nazaret, la madre de Jesús; María de Magdala; y María de Betania, mientras que pasan por alto alguien simplemente llamada «la otra María»). Mi preocupación en este libro no tiene que ver con cuántas María hay ni cuántas veces las mujeres ungieron a Jesús en público. Algunas personas opinan, como yo, que María de Betania fue la que ungió sus pies en una ocasión anterior en su ministerio *y* ungió su cabeza justo antes de su muerte. Otros dicen que estaban involucradas dos María o dos mujeres diferentes. Para hablar con franqueza, en realidad no me preocupa si hubo seis María. En el contexto de *Busquemos a Dios, sirvamos al hombre*, estoy más preocupado con la *actitud* mostrada por cada una de las María o las mujeres que no se dice su nombre y que ungieron a Jesús durante una cena. Tenían en común la misma actitud del corazón que María de Betania demostró cuando se sentó a los pies de Jesús. No importa si la María sentada a los pies de Jesús fue la misma mujer que en otro Evangelio ungió su cabeza al romper un vaso de alabastro. ¿Por qué? Porque estoy hablando acerca del corazón puro de devoción a Él como la divinidad que demostró por esa mujer. (La teóloga Kathleen E. Corley también destaca esta idea en *Private Women, Public Meals: Social Conflict in the Synoptic Tradition* [Mujeres reservadas, cenas públicas: Conflicto social en la tradición sinóptica], Hendrickson Publishers, Peabody, MA, 1993, p. 103.) En lo que se refiere

a los acontecimientos en Betania, quizá hubo muchas María, pero el Evangelio lo registra con claridad al decirnos que Jesús se quedó en el hogar de Marta, Lázaro y su hermana María.

20. Mateo 8:24-26, LBLA.

21. Para los lectores internacionales que desconocen la geografía de América del Norte, el estado de Luisiana está localizado en la porción sur de los Estados Unidos que linda con el golfo de México. Tiene un sólido antecedente cultural francés y se le conoce por su gran variedad de pesca de agua dulce y salada.

22. George Cansdale, «Fishing in the Lake of Galilee» [Pescando en el lago de Galilea], un artículo que apareció en *Eerdmans' Handbook to the Bible* [Manual Bíblico de Eerdman], William B. Eerdmans Publishing Company, Grand Rapids, MI, 1973, pp. 502-503.

23. Marcos 11:13-14,20-21.

Capítulo dos

¿Betania o Belén?

¡La segregación espiritual es mala!

Un pequeño y notable pasaje de la Escritura en Juan 11:1 hace esta declaración: «Betania, la aldea de María y de Marta su hermana». Si Belén fue infame por su actitud inhospitalaria, Betania sería famosa como un lugar favorito para quedarse Jesús. Sin embargo, no fueron las pintorescas calles ni la prestigiosa ubicación que hizo a Betania una famosa favorita. ¡Fue María y Marta!

Me pregunto, ¿qué hubiera pasado si María y Marta no hubieran sido capaces de vivir bajo el mismo techo o en la misma aldea? ¿Habría desaparecido el atractivo de Betania para Jesús? Cuando la espiritualidad se segrega de la sociedad, cualquier Betania se puede convertir en Belén.

Divide y conquista. Por siglos, líderes militares, emperadores, reyes y presidentes han seguido esta sencilla máxima como una estrategia de guerra. El adversario de nuestras almas la está usando todavía con gran éxito. Una forma de «segregación espiritual» está extendiéndose por escrito a través del mundo con una fuerza increíble. También ha infectado la iglesia.

Quizá recuerde durante su niñez a su madre, padre o a un amigo de sus padres adoptando una postura, y diciendo: «¡No en mi casa!» Nuestro Padre celestial le está advirtiendo a la iglesia moderna hoy: «No viviré ni permaneceré en un lugar que separa y divide. No lo tendré… no en mi casa».

Es como si Dios adoptara una postura contra las barreras y muros divisorios de cada tipo: «¡No en mi casa!» El mismo Dios está declarando a la iglesia comprada con sangre: «Derribaré cada pared divisoria porque estoy buscando un lugar unificado para morar».

El patrón de «divide y conquista» se está extendiendo hasta la raíz de la sociedad y la iglesia por el resultado del pecado antiguo en el jardín del Edén. La serpiente inició su campaña de separación al seducir a Eva para que buscara un estatus especial y se segregara ella misma del campo de Dios al alcanzar el ilícito fruto del pecado. Es irónico, pero Adán y Eva crearon la primera «comunidad segregada» cuando trataron de ocultarse de Dios después que pecaron, cubriendo (o «dividiendo») su nueva descubierta desnudez con hojas de higuera.[1] El plan del enemigo de segregación espiritual tuvo éxito por un tiempo, después que el pecado infectó a la humanidad, separándonos del jardín del Edén y del íntimo compañerismo con Dios.

El esfuerzo por separar lo espiritual de lo secular y quitar a Dios de la vida del género humano continúa hoy con renovada energía. La segregación espiritual a cualquier nivel es todo esfuerzo por apartar a Dios de ciertos lugares o de las actividades humanas.

Quizá vea a menudo esta declaración en este libro: «Las iglesias tienden a ser espiritualmente apasionadas o socialmente compasivas». Es difícil que exista un equilibrio en ambas cosas. Es como si Satanás dijera: «Si logro dividir las dos, soy capaz de detener el propósito». Esta es la esencia de la segregación espiritual. La distinción de lo que sería la adoración crea enemistad entre María y Marta. Si María se va, la casa se convertiría en un hotel con una estéril hospitalidad. No debemos segregar lo espiritual de lo secular.

ALGUNOS SEGREGARÍAN LA RECTITUD DE LA VIDA PÚBLICA

La segregación espiritual toma muchas formas, pero vaticino que el próximo y gran conflicto vendrá en las fuerzas de inmoralidad que libran la guerra contra las fuerzas de la moralidad en un esfuerzo por *segregar* la rectitud de la vida pública.

El proceso comenzó hace muchos años, pero cada vez más escucharemos las voces de autoridad pública declarar: «No, no puedes orar en la escuela. No, no puedes orar en los juegos de fútbol, en las ceremonias de graduación, ni en un banco de un parque público. Observe sus prácticas religiosas todo lo que quiera, pero en privado. Aparte su fe de la arena pública». *La meta suprema es secularizar la sociedad al no dar habitación a lo espiritual en los foros públicos.* A los campeones de la segregación espiritual les encanta reflejar la rectitud como «pasada de moda, de mente estrecha y demasiado religiosa». Esto crea un lugar inhospitalario en la sociedad humana para la visitación divina.

LA DIVISIÓN LE DA A SATANÁS UN «NUEVO IMPULSO EN LA LUCHA»

Es lamentable, ¡pero la mayor parte de la segregación espiritual en realidad comienza en la iglesia! La antigua máxima dice: «Divide y conquista». Aun cuando Satanás es un enemigo conquistado, ¡le damos «un nuevo impulso en la lucha» mediante la *división de nosotros mismos*!

Durante la época del movimiento de derechos civiles en los Estados Unidos, el doctor Martin Luther King, hijo, encabezó una marcha de protesta no violenta a través de la ciudad de Birmingham en 1963. La policía de Birmingham soltó perros entrenados en la pacífica multitud de hombres, mujeres y niños, junto con gases lacrimógenos, chorros de agua a gran presión de las mangueras de incendios y policías empuñando cachiporras. Al doctor King y otros líderes clave los arrestaron y confinaron en la prisión de la ciudad de Birmingham.[2]

El doctor King describió su desilusión por las convicciones demasiado tibias de las iglesias del Sur en una histórica carta que escribió a su colega del clero desde su celda en la cárcel de Birmingham:

«He escuchado a numerosos líderes religiosos del Sur instando a sus creyentes a cumplir con una decisión de la supresión de la segregación porque es la ley, pero he anhelado escuchar a los ministros blancos decir que siguen este decreto porque la integración es moralmente justa y el negro es su hermano [...] En medio de una poderosa lucha por eliminar la injusticia racial y económica de nuestra nación, he escuchado que muchos ministros dicen: "Esos son asuntos sociales que no le conciernen al evangelio", y he observado a muchísimas iglesias entregadas por completo a otra religión mundana *en la que hacen una extraña distinción entre el cuerpo y el alma, lo sagrado y lo secular*».[3]

La segregación simplemente dice: «No hay lugar para usted aquí».

¡A menudo hemos «excluido» a Dios de la sociedad! (Y luego nos preguntamos por qué se fue tan airado.) Siempre que la segregación espiritual modifique una sociedad, inevitablemente se manifestará de alguna manera en la iglesia. Si el conflicto racial ocurrido en Birmingham, con los perros policías y las mangueras de incendios implementando una impía pero «oficialmente sancionada» segregación racial, el mayor conflicto espiritual tiene su Belén con el cartel de «No hay lugar» y los crudos alojamientos entre las bestias del campo.

«No solo debe adorar a Dios los domingos, sino que debe servir al hombre los lunes».

Las fuerzas que motivan la segregación espiritual en nuestra sociedad no se contentan con limitarla a esferas raciales. Están determinados a declarar al pueblo de fe: «No tenemos habitación para usted». (Esto ocurrirá más rápido de lo que piensa.)

La división «María/Marta» de personalidad y preferencias se muestran en cada nivel de la sociedad humana. Tengo que advertirle que si se lo permite, *¡Marta sacará por completo a María de la escena!* Esa es su naturaleza. María, por otra parte, le echará en cara a Marta que es culpable porque no es tan «espiritual» como María. Le imputará el sentido de culpa sobre

Marta y tratará de hacer que esta se sienta mal. «¿Por qué no vienes aquí a orar?»

La solución a la crisis quizá sea costosa. Por cada Belén que diga «No hay lugar» para Él, se debe crear un Betania donde los hombres y las mujeres sean capaces de prepararle un lugar. Se lo diré una vez más de otra manera: Por cada Belén que dice: «No hay lugar… No tenemos habitación para ti», existe un Betania que se convierte en un lugar de hospitalidad para la Divinidad y la humanidad.

Si alguna vez desea que su ciudad, iglesia, escuela o casa tengan una visitación de Dios, alguien tiene que aprender a cómo hospedar al Espíritu Santo. Eso significa que debe tener hospedaje para el hombre y para Dios. No solamente María debe adorar su divinidad, sino que Marta debe hospedar su humanidad. No solo debe adorar a Dios los domingos, sino que debe servir al hombre los lunes. Cada casa iglesia debe tener Marías y Martas. ¡Aquí no hay segregación! A las dos se les debe permitir prosperar. Debe haber la apreciación mutua.

La doble naturaleza de Jesús presenta el modelo perfecto para nosotros. A Él lo recibieron y hospedaron en ambos campos. Cristo nuestra cabeza está a la derecha del Padre, pero su Cuerpo, la iglesia presente y la futura, vive en la tierra en cuerpos físicos. Él no está buscando ningún otro «Belén» que declare «No hay lugar» cuando llame a la puerta. Va en busca de Betania, el lugar de comodidad en la casa de sus amigos.

Por siglos, los líderes de la iglesia han buscado maneras de hacer que la gente se enamore de la iglesia. A veces los pastores se sintieron como casamenteros, buscando la combinación precisa de los condimentos naturales y espirituales para crear una lealtad a la iglesia, mientras que casi olvidan al Dios de la iglesia. La búsqueda suprema es por *Dios* y el hombre juntos.

Por otra parte, algunas personas se enamoran apasionadamente de Él, ¡aunque dicen que no pueden soportar a ninguno de sus hermanos! «Amo a Dios, pero apenas me gusta la iglesia, y eso está bien. Solo estamos Dios y yo en la belleza de la creación de Dios».

Lo siento, pero nuestro Padre celestial no le da cabida a la «rivalidad espiritual entre hermanos». El escritor de la Epístola a los Hebreos dijo:

Preocupémonos los unos por los otros, a fin de estimularnos al amor y a las buenas obras. No dejemos de congregarnos, como acostumbran hacerlo algunos, sino animémonos unos a otros, y con mayor razón ahora que vemos que aquel día se acerca.[4]

No veo ninguna razón para que la iglesia no pueda ser a la misma vez amistosa en la búsqueda y en el Espíritu. No hay motivo para que no coexistan la compasión por el hombre y la pasión por Dios.

NADA OCUPA EL LUGAR DE LAS RELACIONES FAMILIARES EN EL CUERPO

Es difícil considerar, alentar y estimularse unos a otros «al amor y a las buenas obras» cuando estamos ocupados «haciendo nuestras cosas con Dios», cuando estamos situados fuera del campo de trigo en lo alto de una montaña en cualquier parte. Esos lugares brindan estupendas oportunidades para considerar las maravillas de Dios y alabar su nombre, pero no podrán ni ocuparán el lugar de las relaciones familiares en el Cuerpo de Cristo.

A menudo, la manera en que algunas personas actúan en la iglesia hacen que recuerde la vez que mi hermana y yo hicimos un largo viaje con mi padre en su auto. Los largos viajes por tierra pueden ponerse bastante «interesantes». Mi hermana y yo acostumbrábamos a dibujar una línea imaginaria en el centro del asiento trasero del auto y decir: «Este es mi lado; ese es tu lado. No cruces la línea».

En los buenos días, quizá tardábamos dos horas en un viaje de ocho antes de irrumpir en un período de rivalidad entre hermanos. «Papá, ¡su pie está en mi lado! No, papá, su mano está aquí». Continuábamos tercamente en nuestra enemistad familiar con reclamaciones verbales y contradenuncias: «Él está en mi lado», y «No, ella está en mi lado», sin comprender que ninguno de los dos tenía que exigir el asiento trasero ni el auto, pues era de papá. Luego la aclaración venía con una sola frase de mi padre: «No hagan que tenga que detener el auto». De repente, recordábamos quién era en realidad el propietario del auto y qué pasaba cuando sus «pasajeros» fallaban al escuchar su advertencia.

Nada entristece más a un padre que ver a sus hijos negándose a vivir juntos y en paz en la misma casa. Considere la tensión que le creamos a nuestro Padre celestial cuando decidimos estar en una constante guerra unos con otros. Él nos ama a todos y pregunta: «¿Podemos estar juntos todos?»

EN REALIDAD, LA IGLESIA
NO ES NUESTRA... ES SUYA

Como gente de iglesia, nos gusta dibujar líneas artificiales de división y erigimos barreras hechas por hombres entre nosotros. Nos gusta hablarnos los unos a los otros en los tonos altos que recuerden nuestras batallas territoriales en el asiento trasero: «Yo hago esto, pero ella hace aquello, y esta no es su área». De algún modo, nunca nos damos cuenta que la iglesia no es nuestra, es de Él.

Me pregunto cuántas veces el Padre tiene que advertirles a sus batalladores hijos:

«¡No hagan que tenga que detener mis propósitos! Hijos, están discutiendo sobre cosas que no les pertenecen. No tienen derecho a defender posiciones, poder, ni métodos en la iglesia, no es de ustedes. ¡Es mía! No es "su lado"; es mi familia. No se preocupen por lo que están haciendo tu hermano y tu hermana, trabajen en su salvación con temor y temblor. Si sirven detrás del púlpito, detrás de la puerta de la guardería, o detrás de una escoba los sábados por la noche, son todos preciosos para mí».

En estos momentos, la unidad es un punto candente en la iglesia, en parte porque es el corazón de Dios y en parte porque hemos hecho una mezcla de cosas por la confusión de la «unidad en mente y espíritu» con la «uniformidad en mente y carne». Este crítico tema lo analizo en mi libro, *El equipo soñado por Dios*.

El enemigo ofrece, disfrazada con habilidad, la falsa unidad. Son ladrillos de factura humana. Es una unidad nacida de la uniformidad, del control coercitivo, que se olvida de la verdad. *El ecumenismo ha ofrecido doctrina soluble y ha creado una falsa unidad.* El movimiento ecuménico propende por una unión cuyo fundamento es encontrar y mantener nuestro denominador más bajo, no nuestro más alto llamamiento y propósito [...]

Tal vez lo que la Iglesia necesita firmar es una «Declaración de Dependencia». Declarar que dependemos unos de otros y ¡nuestra total dependencia de Dios! Lo que algunas personas llaman «independiente» es la permisividad de la expresión egoísta de un grupo de individuos indisciplinados.[5]

Hay una clara y crítica diferencia entre la unidad bíblica y la uniformidad hecha por el hombre. Debemos comprender que Dios en realidad valora las diferencias, características y el servicio de María y Marta.

ATRAPADO EN EL MISMO MEDIO
ENTRE MARÍA Y MARTA

¿Alguna vez se ha visto atrapado entre alguna de sus «amigas Martas» y su «amigas Marías»? Algunos de mis buenos amigos tienen una reacción típica siempre que hablo acerca de otros amigos con un punto de vista diferente de la vida cristiana. El primer grupo de amigos podría decir: «Pues bien, él es solo un místico». A lo que quizá les replicaría: «Eso es viejo. Pensaba que era un cristiano...»

Cuando estoy entre el segundo grupo de amigos y menciono a alguien del primer grupo que es apasionado en cuanto al alcance social a los pobres y discriminados de los barrios pobres del centro de la ciudad, podrían comentar: «Sí, ¡vaya!, todo eso está bien y bueno, pero en realidad no comprende las cosas del Espíritu».

Me siento obligado a aceptar ambos «lados» de mi familia cristiana. Tengo un mandato inspirado por Dios a permanecer en la brecha y convertirme en un puente de compasivo entendimiento entre ellos. Eso es lo único que pasa cuando comenzamos a ver que Dios valora ambos puntos de vista. Él solo anhela verlos trabajando juntos.

¿ES EL «ACEITE DE MEDIANOCHE» LO MISMO QUE LA UNCIÓN CON ACEITE?

Es obvio para nosotros que María amaba a Jesús, es el supremo ejemplo de amorosa adoración cuando quebró el costosísimo vaso de alabastro de perfume para ungirlo por su muerte. Sin embargo, debemos preguntarnos si el quebrantamiento es lo único ejemplificado cuando se hace añicos el vaso de alabastro y se derrama el aceite de la unción. ¿Es posible que el quebrantamiento también se pueda ejemplificar a través del «aceite de medianoche» ardiendo y velar toda la noche antes de la Pascua para preparar la última cena para Él? ¿Puede el servicio de un «corazón ardiente» ser adoración de «voluntad quebrantada»? ¿Sería posible que «alguien esté en la cocina» con Marta?

La segregación espiritual no tiene cabida en los propósitos de Dios ni en la vida de ninguna iglesia local. María y Marta no solo deben vivir en el *mismo vecindario*, ¡deben vivir en la *misma casa*! Sin segregación espiritual, sin prejuicio orgulloso.

Si no somos capaces de sentarnos juntos en la tierra, ¿lo seremos de habitar juntos en el cielo?

Las relaciones rotas en el Cuerpo de Cristo son equivalentes en el Nuevo Testamento a los sacrificios humanos. Si sentimos que debemos romper relaciones con nuestros hermanos, significa que sentimos la necesidad de sacrificar al Señor Jesús en el altar de nuestra propia opinión. Son su cuerpo y su corazón los que desmembramos. Debemos superar ese problema para crear unidad en el Cuerpo. Creo que esto es lo que significa «discernir el Cuerpo del Señor».[6]

¿SOMOS UNA LUZ DE DIVINA ESPERANZA EN EL MONTE DE LA HUMANIDAD?

Los esfuerzos de los individuos, las instituciones y los gobiernos para imponer la «segregación espiritual» surgen durante una era cuando la iglesia tibia en realidad no actúa como una genuina iglesia. Estamos centrados en nosotros mismos, y estamos constantemente ocupados con «las disputas en el asiento trasero del auto de Papá» en lugar de ser luz de divina esperanza en el monte de la humanidad.

Estoy convencido de que una vez que los miembros del Cuerpo de Cristo lleguen a un arreglo unos con otros y comiencen a vivir en paz y unidad, estaremos «en los negocios de nuestro Padre». ¡A los poderes de las tinieblas le es imposible extinguir o eclipsar la luz de la iglesia cuando está adorando, funcionando y sirviendo a plena capacidad de potencial sobrenatural en los propósitos de Dios!

Nuestro Padre está buscando una casa o tabernáculo para *vivir*, no para una simple *visita*. Cuando Dios está en la casa, cuando la Divinidad habita con su familia humana, alcanzaremos el cenit de la verdadera «guerra» espiritual. La verdad de la promesa de Dios a través de Juan será clara:

> *Hijitos, vosotros sois de Dios, y los habéis vencido; porque mayor es **el que está en vosotros**, que el que está en el mundo.*[7]

En ese momento, la única «segregación espiritual» permitida será la soberana obra del mismo Dios, mientras divide las verdaderas ovejas de los cabritos y los lobos.[8]

Notas

1. Génesis 3:7.

2. Esta es una descripción de los violentos abusos contra un grupo de manifestantes por los derechos civiles que en su mayoría eran estadounidenses negros dirigidos por el difunto doctor Martin Luther King, hijo, en una pacífica marcha a través de Birmingham, Alabama. El esfuerzo de los líderes de la ciudad de parar la procesión trajo consecuencias retroactivas cuando los ataques fueron noticias nacionales. Birmingham se convirtió en el clamor unificador del creciente movimiento por los derechos civiles, y ayudó a persuadir a muchos estadounidenses blancos y líderes nacionales a ponerse de parte de los protestantes.

3. Esta cita se extractó de la histórica «Carta desde la cárcel de la ciudad de Birmingham» escrita por el doctor Martin Luther King, hijo, para apelar a sus compañeros en el ministerio en esa ciudad. Reproducida de una cita del sitio de Internet de Ciencias Políticas de la universidad occidental de Michigan: www.wnich.edu/politics/mlk. Consultado el 19 de marzo de 2001. Énfasis del autor.

4. Hebreos 10:24-25, NVI.

5. Tommy Tenney, *El equipo soñado por Dios: Una llamada para la unidad*, Editorial Unilit, Miami, FL, 1999, capítulo 3: «Unidad, no uniformidad», pp. 48-49.

6. *Ibídem*, p. 51.

7. 1 Juan 4:4.

8. Véanse Mateo 7:15-23; 25:31-46.

Capítulo tres

¿Por qué no es como yo?

¿Alguna vez se llevarán bien María y Marta?

Cada año ministro en cientos de iglesias y conferencias en América del Norte y alrededor del mundo. He notado una cosa que parece que nunca varía de una reunión a otra, o incluso de una cultura a otra, y es que las personas ven las cosas de manera *diferente*.

Cuando hablo a las personas acerca de lo que pasó en una reunión, siempre me asombro de las diferentes percepciones que me comentan. ¡Muy a menudo escucho informes completamente distintos de dos personas que se sentaron una junto a la otra en el mismo servicio!

Una persona quizá diga: «Este fue el peor servicio al que alguna vez he asistido. No entendí ni una cosa de las que estaban diciendo, y todos deseaban permanecer de pie por horas y cantar canciones que no conozco y que no me importa aprender. Solo lloraron y hablaron con Dios la noche entera, y nadie habló conmigo. Parecían que bendecían a todos los demás, pero no hacían nada por mí».

Si habla con alguien que estaba sentado a la derecha de la primera persona durante el mismo culto, tal vez sonría de oreja a oreja y diga: «¡Ese fue el culto más increíble al que alguna vez he asistido! La presencia de Dios era tan evidente en la habitación que uno podía sentirla. No recuerdo que antes haya llorado tan fuerte. Lo mejor de todo, me sentí una nueva persona cuando todo terminó».

Hay tal dicotomía entre dos testigos que uno tiene que preguntarse si en verdad estaban hablando de la misma reunión o de dos actividades distintas por completo. ¿Cómo puede ser?

Ambas personas asistieron a la misma reunión, pero la percibieron desde dos puntos de vista radicalmente diferentes.

María y Marta de Betania ofrecen el modelo perfecto para esos puntos de vista. Lo más importante para *Marta* era lo práctico y lo menos importante era lo espiritual. *María* parece centrada casi exclusivamente en el campo espiritual mientras minimiza, o por poco pasa por alto, los detalles prácticos de la vida y el servicio cristiano.

ANALICEMOS LA DICOTOMÍA
ENTRE MARÍA Y MARTA

Uno de los mayores problemas que enfrentamos en la iglesia es que nuestras Marías y Martas no parece que se lleven bien. Sin embargo, antes que podamos proponer soluciones al problema, debemos analizar la dicotomía entre María y Marta. La sabiduría para cada problema viene a través de la oración, el pensamiento diligente y la debida aplicación de los principios de Dios en la vida.

Por lo general, encontramos Marías de rodillas ante el Señor. Su principal señal distintiva es la posición de su corazón. En la casa de Marta vemos una reveladora postura de reverencia y adoración a los pies de Jesús. Lo mismo pasa después durante la cena llevada a cabo en la casa de Simón el leproso en Betania. En cada ocasión soportó la crítica y la protesta para dar por sentado su posición y derramar su regalo al Señor.[1]

¿Qué me dice de Marta? Muchas personas leen acerca del servicio de Marta en la cocina y anuncian con gran autoridad: «Pues bien, a Jesús en realidad no le caía bien Marta; solo le simpatizaba María». Si examina las Escrituras, descubrirá que esto no es cierto. Juan nos narra inmediatamente después que Jesús recibió un mensaje de que Lázaro estaba enfermo: «Y amaba Jesús a Marta, a su hermana y a Lázaro».[2] En ese momento de crisis, el pensamiento de Jesús estaba en Marta. A María ni siquiera la mencionaron por nombre en esta oración.

Muchos estudiantes y maestros de la Biblia critican el empecinamiento de Marta con los «platos sucios» y las estrechas prioridades de la cocina. Por razones similares, a muchas madres hoy les advierten con el proverbio moderno: «Los platos sucios se pueden lavar después, pero no se pueden tener por mucho tiempo a los hijos pequeños». Sin embargo, el problema mayor de Marta no era una cocina sucia, vegetales sin lavar, ni la interrupción en las preparaciones de la comida, *era su actitud hacia María.*

LAS MARTAS MODERNAS LUCHAN CON LAS ACTITUDES DE LAS MARÍAS MODERNAS

Las Martas de la actualidad enfrentan el mismo problema. Su «cruz» en la vida tiene más que ver con sus actitudes hacia las «María de los tiempos modernos» que con ninguna otra cosa en la iglesia local. Quizá sintió que la devoción de María sobrepasó la línea de la razón en la adoración a Jesús. Sin duda Jesús, el sabio Maestro, comprendería su posición como jefa de cocina, hermana mayor y cabeza de familia. La verdad es que Jesús comprendió su posición; solo que no aceptó su miope sistema de prioridades.

Cada vez que Jesús vino a Betania y entró en la casa de María y Marta, ellas no sabían si era el tiempo de alimentar su humanidad o adorar su divinidad. A veces, Él solo deseaba «panecillos y caldo»; otras veces deseaba que recibieran su divinidad. En ocasiones, Marta se enfrentaba a la necesidad más urgente del Hijo del Hombre a través de la provisión de comida hecha en casa, cómodo hospedaje y un ordenado y pacífico ambiente hogareño para su humanidad. En otras ocasiones, el Hijo de Dios anhelaba más el ministerio de María, quien tenía un don para atender su divinidad.

Por esta razón, la casa de María y Marta nos ofrece una perspectiva única de cómo las personas comunes y corrientes en nuestra época pueden atender con éxito la naturaleza dual del Cristo resucitado: Adoramos y «buscamos» la divinidad de su manifiesta presencia, y servimos la humanidad de su Cuerpo en la tierra.

Ambas hermanas amaban a Jesús, y apreciaban su presencia y su amistad. Sin embargo, hubo veces cuando ellas no se llevaban bien. Es prácticamente imposible atender la divinidad y la humanidad al mismo tiempo si María y Marta se niegan a trabajar juntas en unidad. ¿Por qué había tal tensión entre ellas? Tal vez encontremos la clave en el conflicto que Jesús enfrentó en la casa de Marta.

> *Mientras iban ellos de camino, Él entró en cierta aldea; y una mujer llamada Marta le recibió en su casa. Y ella tenía una hermana que se llamaba María, que sentada a los pies del Señor, escuchaba su palabra. Pero Marta se preocupaba con todos los preparativos; y acercándose a Él, le dijo: Señor, ¿no te importa que mi hermana me deje servir sola? Dile, pues, que me ayude.*[3]

LOS POLOS OPUESTOS SE REPELEN

María y Marta eran más que simplemente «diferentes». Déjenlas, ¡esos dos polos opuestos se *repelen* uno al otro! Cuando eso pasa, es difícil crear el ambiente que una vez tras otra atrajo a Jesús a Betania.

En el incidente descrito por Lucas, Jesús se convirtió en el Mediador Divino que trajo el equilibrio y la paz a dos ramas radicalmente diferentes de la humanidad representadas en Marta y María. El Señor aclaró que Él valoraba el servicio de las dos hermanas de Lázaro, pero a partir de ese momento, la casa y la ciudad se conocieron como el hogar de María y Marta. ¿Por qué?

Aunque el Señor honra y aprecia nuestro «ministerio de Marta» para la humanidad, nuestro destino *eterno* culmina en un infinito «ministerio de María» a la Divinidad. Mientras María y Marta vivan juntas en una casa, seguro que hay una tensión dinámica entre las dos. Esto requiere la mediación de

Jesucristo para traer reconciliación en una casa ocupada por estos contrarios.

Como cualquier pastor confirmaría enseguida, las Martas en la iglesia típica local casi siempre se preguntan: «¿Por qué caramba "esa María" no viene y me ayuda en esta cocina? Si quiere ser tan espiritual, necesita dejarse caer por aquí y ayudarme a alimentar al hambriento y vestir al desnudo. Si en verdad fuera todo eso de espiritual, se levantaría del piso y dejaría todo ese jaleo y llantos bastante largos para hacer algo que en realidad ayude a las personas heridas».

Las Marías en la iglesia se dicen: «Desearía que "esa Marta" se olvidara de toda esa cocina. Debe saber que cuando uno es en verdad espiritual, no tiene que comer. Quisiera que saliera de esa cocina y viniera aquí. Necesita perder el delantal y arrodillarse ante Jesús. Lo que ella necesita es algún tiempo de "oración" a la antigua en la presencia de Dios. Eso la guardaría de su poco espiritual devoción al trabajo manual».

La verdad es que *ambos ministerios* hacen que Jesús se sienta cómodo en la casa. Él resucitó, aunque todavía mora entre nosotros y a veces incluso manifiesta su «concentrada» presencia. Él es nuestra Cabeza y nosotros, como la iglesia, somos su Cuerpo terrenal. Así como le resultaba difícil encontrar un lugar de descanso durante su ministerio terrenal porque era tanto Dios como hombre, también hoy busca todavía un lugar que ministre la Divinidad y la humanidad con el mismo gusto y hospitalidad.

«Quizá uno de los grandes obstáculos para su habitación entre nosotros es que muy pocas veces pueden las Marías y Martas en la iglesia vivir en paz en la misma casa».

Quizá uno de los grandes obstáculos para su habitación entre nosotros es que muy pocas veces pueden las Marías y Martas en la iglesia vivir en paz en la misma casa.

Uno de los problemas con las Marías modernas es que se sienten tentadas a suponer que la manifiesta presencia de Jesús es *siempre* en la casa. La verdad es que Él no está siempre aquí en el sentido de su *manifiesta presencia*.

¿SOY ESPIRITUALMENTE MUERTO O ESTÁN VIENDO ALGO?

Nada frustra más que las personas que dicen: «Oh, ¡Dios está aquí! Miren, Dios está allá!» (cuando en realidad Él no está más presente «allá» de lo que está «aquí»). Solo deseo saber: «¿Dónde?» ¿Estoy espiritualmente muerto o están viendo algo? Estoy seguro que a veces las personas en realidad están sintiendo su manifiesta presencia, y cuando les pregunto: «¿Dónde?», deseo literalmente direcciones y ayuda para encontrarlo. «¿Dónde? ¡Dime! Deseo sentirlo; deseo conocerlo». Como los griegos buscadores de Dios en el Evangelio de Juan, digo con humildad: «Señor, señora, quiero *ver* a Jesús».[4]

El gran don de María fue su sencilla devoción al Maestro cuando Él estaba en la casa; sin embargo, la María moderna sufre de la triste satisfacción de segundo grado de nuestra generación. Como destaqué en *La casa favorita de Dios*:

> *La Prometida de Cristo ha crecido acostumbrada a vivir en la casa del rey **en ausencia de este**.* Si ella regresara a la pasión y hambre de su primer amor, nunca estaría **contenta** a menos que el Rey mismo estuviera con ella en la casa.[5]

Una vez que una «María moderna» saborea la «auténtica» manifestación de la presencia de Dios, entra en su extraordinario lugar de unción y servicio al Señor. En su ausencia, «las Marías postradas» pueden causar gran daño a través de infundado celo espiritual si promueven un *falso avivamiento*. El mayor daño ocurre cuando hacen que las «Martas modernas» en el local de la iglesia se sientan culpables porque no perciben al Señor y tienen problemas al abandonar sus lugares de preparación y servicio a la humanidad en la casa.

NECESITAMOS EL SERVICIO ESPIRITUAL
DE LAS PRÁCTICAS MARTAS

El mayor punto débil de María fue, quizá, su aversión o falta de apreciación al papel vital de Marta en ministrar a la humanidad de Jesús (y del ministerio de las «Martas modernas» a la humanidad por las que Jesús manifiesta su presencia). Tengo un buen amigo que es un ardiente estudiante del cristiano místico que resplandeció en el sendero de la búsqueda de Dios en las generaciones pasadas. Me contó una historia de la vida de un «Padre del desierto» nombrado Abba Silvano que demuestra con claridad la necesidad por el servicio espiritual de las prácticas «Martas».

> Un hermano se fue a ver a Abba Silvano en el monte Sinaí. Cuando vio a los hermanos trabajar mucho, le dijo al anciano: «Trabajen, pero no por la comida que es perecedera (Juan 6:27, NVI). María ha escogido la buena parte (Lucas 10:42)».
>
> El anciano dijo a su discípulo: «Zacarías, dale un libro al hermano y ponlo [a él] en una celda sin ninguna otra cosa».
>
> De modo que, cuando llegó la novena hora, el visitante vigilaba la puerta esperando que alguien lo mandara llamar para la comida.
>
> Cuando nadie lo llamó, se paró, se fue en busca del anciano y le dijo: «¿No comen los hermanos hoy?». El anciano replicó que ya lo habían hecho. Luego él dijo: «¿Por qué no me llamaste?». El anciano le dijo: «Porque eres un hombre espiritual y no necesitas ningún tipo de alimento. Nosotros, siendo carnales, deseamos comer y es por eso que trabajamos. Sin embargo, tú has escogido la buena parte y leíste todo el día y no deseas comer alimento carnal».
>
> Cuando escuchó esas palabras, el hermano se postró diciendo: «Perdóname, Abba». El anciano le dijo: «María necesita a

Marta. En realidad, hay que agradecerle a Marta que María esté alabando».[6]

¿A QUIÉN NECESITAMOS MÁS:
A LA ESPIRITUAL O A LA PRÁCTICA?

María y Marta tenían dificultades para llevarse bien porque veían el mundo desde lugares totalmente diferentes. Al enfrentarse a un reto, María quizá diría: «Cualquier cosa que haga falta», mientras que Marta diría: «¿Qué haría falta?»

María es espiritual y Marta es planificadora y pone en práctica las cosas. María es la eterna idealista y Marta es la terrenal realista. Con franqueza, necesitamos las dos unciones para construir una casa adecuada para la eterna habitación Divina. Si duda de esto, hágase esta pregunta: «¿A quién necesito más: a la espiritual o a la práctica?» No importa a quién escoja, ningún proyecto, sueño o visión sucederá sin la total operación y cooperación de las personas de ambos «lados» del proceso.

Usted le contó a un contratista que quería una casa de tres pisos y luego le dijo: «Esto es lo que quiero. Ahora bien, le tengo asignado solamente los recursos suficientes para un arquitecto o un personal de carpintería. Escoja a quiénes quiere y después me dice cuánto tiempo hará falta para terminar la construcción». Es probable que en ese momento el contratista mueva su cabeza y le diga adiós.

Nuestro reto es seguir los pasos de Jesús y ayudar a Marta para que comprenda la posición de María (y viceversa). Tal parece que Jesús les recordaba constantemente a los discípulos, los fariseos y los escribas, y a personas comunes y corrientes como María y Marta: «Sí, tú eres mi hijo, pero este es también mi hijo, aunque sea diferente a ti».

Hay otro aspecto de la vida cristiana que también resalta nuestras diferencias. A cada uno de nosotros nos cuesta algo ser amigo de Jesús porque esto exige que actuemos en su «reloj de control de horas» y de acuerdo con sus propósitos, no a los nuestros.[7] Si fuera a preguntarle a Lázaro, el hermano de María y Marta: «Lázaro, ¿cómo fue eso de la resurrección de los muertos?» Él quizá diría: «Ah, ¡eso fue magnífico! Lo que no fue tan bueno fue la "parte de morir"».[8]

QUIZÁ DIOS LO SACRIFIQUE POR UN TIEMPO CONVENIENTE PARA PROPÓSITOS ETERNOS

Lázaro le diría que Dios quizá lo sacrifica a uno por un poco de tiempo conveniente o cómodo para sus propósitos eternos. (También le diría que al final siempre vale la pena.) Marta descubrió un día en particular, cuando Jesús vino a su casa, que sus elaborados planes de preparar una comida de cuatro platos con todas las guarniciones los dejaron a un lado. María (el ser María) sabía por instinto que Marta había aprendido de mala manera: Ellas estaban en el huso horario de Dios y todo lo que planearon en su huso horario tuvo que suspenderse durante algún tiempo.

Ambas hermanas enfrentarían una lección mucho más difícil en el tiempo y las prioridades de Dios cuando Lázaro cayó enfermo y murió. Mediante su horario, Jesús suspendería todas las operaciones del reino, pospondría los planes del Padre, echaría a un lado cualquier otra cosa y correría a Betania a sanar a su hermano. Al fin y al cabo, ¿no era Lázaro amigo del Señor? Era impensable que el mismo Maestro y Amigo que se quedó en su hogar y comió a la mesa de la familia dilatara su llegada incluso un día. Fue más allá de su comprensión (y la nuestra) que por su ausencia dejara sufrir a Lázaro. Sería casi más de lo que ellas soportarían saber que Jesús escuchó las noticias, pero que todavía se tomara mucho tiempo hasta días después del entierro.[9]

MARTA ACTUÓ POR SU CUENTA

Cuando al fin Jesús apareció en el camino que conducía a Betania, Marta no podía esperar. Tomó las cosas por su cuenta y dejó que continuara el velorio de las honras fúnebres para reunirse con Jesús en el camino aun antes de que entrara en Betania.

María decidió no abandonar la casa de su luto, incluso rechaza por el momento ver la mano del Maestro en su pena. A lo mejor sintió el dolor demasiado profundo, o quizá estaba muy disgustada por la demora del Señor para celebrar su regreso una vez que su hermano estaba en la tumba. Jesús recibió dos recepciones diferentes de las hermanas de Betania. Expresaron algunas palabras en común, pero se presentaron desde dos posiciones completamente diferentes de petición:

> *Entonces Marta, cuando oyó que Jesús venía, salió a encontrarle; pero María se quedó en casa. Y Marta dijo a Jesús: Señor, si hubieses estado aquí, mi hermano no habría muerto. Mas también sé ahora que todo lo que pidas a Dios, Dios te lo dará. Jesús le dijo: Tu hermano resucitará. Marta le dijo: Yo sé que resucitará en la resurrección, en el día postrero. Le dijo Jesús: Yo soy la resurrección y la vida; el que cree en mí, aunque esté muerto, vivirá. Y todo aquel que vive y cree en mí, no morirá eternamente. ¿Crees esto? Le dijo: Sí, Señor; yo he creído que tú eres el Cristo, el Hijo de Dios, que has venido al mundo. Habiendo dicho esto, fue y llamó a María su hermana, diciéndole en secreto: El Maestro está aquí y te llama.*[10]

JESÚS PASA POR ALTO NUESTRAS SUPOSICIONES PARA MINISTRAR NUESTRA VERDADERA NECESIDAD

Marta interceptó a Jesús aun antes que llegara a Betania. (Esto parece típico en todas las «Martas orientadas a la acción».) En lugar de saludarlo con gran alivio o poner sus cargas a sus pies, evitó entrar en todos los esperados protocolos de cortesía para pasar al audaz enfrentamiento con Él sobre lo que ella claramente implicaba que era un error en juicio o prioridades personales.[11] Jesús le demostró su gracia y misericordia y pasó por alto sus insultantes suposiciones para ministrarla en su verdadera necesidad. Estoy agradecido que hoy en día, todavía pasa por alto nuestras presunciones para ministrarnos en nuestra verdadera necesidad.

Jesús sabía que Marta necesitaba ver más allá de la humanidad que ella servía con tanta fidelidad para percibir y recibir por completo su divinidad. Le dijo: «Yo soy la resurrección y la vida», y después le preguntó si lo creía. En este momento, Marta hizo una confesión de fe muy similar a la que hizo el discípulo Pedro: «Sí, Señor; yo he creído que tú eres el Cristo, el Hijo de Dios, que has venido al mundo».[12]

Si la manifiesta presencia de Dios viene a su «casa» en verdadera renovación y poder de resurrección, ¡no se sorprenda si algunas personas están demasiado heridas o molestas con Él que incluso no vendrán a su encuentro! (Por lo general, están enojadas o heridas porque no vino *cuando* ellas lo deseaban ni *donde* lo esperaban. Algunas personas se indignan porque no viene de la *manera* que ellas esperan que lo haga.)

> [Marta] *llamó a María su hermana, diciéndole en secreto: El Maestro está aquí y te llama. Ella, cuando lo oyó, se levantó de prisa y vino a él. Jesús todavía no había entrado en la aldea, sino que estaba en el lugar donde Marta le había encontrado. Entonces los judíos que estaban en casa con ella y la consolaban, cuando vieron que María se había levantado de prisa y había salido, la siguieron, diciendo: Va al sepulcro a llorar allí. María, cuando llegó a donde estaba Jesús, al verle, se postró a sus pies, diciéndole: Señor, si hubieses estado aquí, no habría muerto mi hermano. Jesús entonces, al verla llorando, y a los judíos que la acompañaban, también llorando, se estremeció en espíritu y se conmovió.*[13]

Cuando María al final se levantó de su pena para reunirse con el Príncipe de Paz, dijo las mismas palabras que Marta, pero *primero se postró a sus pies en humilde quebrantamiento.* Los resultados fueron extraordinariamente diferentes.

A Jesús no le importó fortalecer la fe de María ni enmendar su teología como lo hizo con Marta. Quizá fue porque la fe de María estaba enraizada en su relación con su divinidad antes que en la amistad con su humanidad. En cualquier caso, no podía hacer nada con el dolor que ya había sufrido; era necesario si iba a revelar de nuevo el poder de resurrección del Padre antes de la cruz.

> «Marta se paró ante Él en audaz enfrentamiento. María se postró a sus pies en humilde quebrantamiento».

María no le pidió nada; solo se desplomó a sus pies y dejó al descubierto su corazón roto. Cuando se enfrentó a las lágrimas y al quebrantamiento de María, Jesús de nuevo reveló su *humanidad* cuando lloró abiertamente ante sus amigos, enemigos y desconocidos. Luego se levantó en su *divinidad* y se dispuso a poner al revés las leyes naturales de la muerte y la descomposición y levanta al hermano muerto de María y Marta.

Estoy convencido de que María tenía una premonición nacida del Espíritu en su corazón de que algo «grande» estaba a punto de pasar que cambiaría sus vidas para siempre. (No tenía ni idea de cuánto le cambiaría la vida.) Es más, María quizá fue la única de los cientos de personas que rodeaban a Jesús que «atrapó» las indirectas que dejó caer sobre su inminente muerte. Es evidente que ninguno de los discípulos lo captaron hasta la noche en que lo arrestaron, o incluso más tarde.[14]

MARÍA Y MARTA SON DIFERENTES, PERO LAS NECESITAMOS A LAS DOS

María se inclinó hacia el lugar de adoración y fe; Marta tenía una natural preferencia por el lugar de servicio o trabajos de fe. Sí, María y Marta son diferentes, pero las necesitamos a las dos. La Palabra dice: «La fe sin obras es muerta».[15] Por instinto, Marta trabajaría para vestir al desnudo, pero sospechamos que María habría estado tentada a solo orar por el desnudo (y cerrar sus ojos para evitar que la distrajera su desnudez).

El Señor me ayudó a ver otra diferencia entre María y Marta durante un viaje ministerial a Senegal, en el África occidental. Senegal está situada en una región desértica muy árida que linda con el desierto de Sahara. Uno de mis anfitriones misioneros dijo: «Hemos programado nuestros bautismos porque tenemos que traer el agua. Nunca hay suficiente agua en una aldea para gastar en el bautismo».

Cuando llega el momento de celebrar los bautismos en agua, ponen un tanque de cincuenta y cinco galones de agua en la parte trasera de una camioneta y conducen hasta las aldeas. Alguien que quiera bautizarse debe saltar dentro del tanque y cuando llega el momento en que va debajo del agua, el amable ministro lo empuja debajo de la superficie, y salta hacia atrás como una caja de sorpresa.

Comencé a pensar en el contexto de María y Marta y llegué a algunas conclusiones interesantes. Si usted es una María moderna, tomaría el agua de las aldeas exactamente como los misioneros lo hacen hoy en día. Por supuesto, no habría ninguna agua adicional disponible para que ellos beban, sino que el bautismo en el Señor es, al fin y al cabo, el foco principal.

Si usted es una Marta moderna, es probable que se preocuparía más de la transportación del agua pura a esas aldeas a fin de que las personas tengan un poco más de agua en esa árida tierra.

ORGANICE UN MATRIMONIO DE MARÍA Y LOS PLANES DE MARTA

Decidí que si me era posible, arreglaría un matrimonio de María y los planes de Marta. Parecía lógico conducir esa camioneta a la aldea con un tanque de cincuenta y cinco galones lleno de agua. Después que todo el mundo se bautizaba y la última persona aparecía de repente en la superficie, haría que las personas bajaran el tanque de cincuenta y cinco galones e hicieran una fogata debajo de él. Después que el agua hervía el tiempo suficiente para purificarse, se vaciaría a través de una tela limpia y estéril dentro de pequeños envases y se distribuiría como agua de beber. De esta manera, la iglesia es bendecida en obediencia a la ordenanza de Dios del bautismo en agua y, al mismo tiempo, la iglesia se convierte en una bendición para la humanidad.

Hay una cierta tensión dinámica entre María y Marta, y la lista de «contrarios» que compilaríamos es al parecer interminable. Sin embargo, estoy convencido de que Jesús siempre se reúne con nosotros en el centro de esa relación dinámica. María y Marta no siempre se llevan bien, pero Dios se niega a dejarlas de esa manera. Se siente feliz cuando María y Marta están en la casa y trabajan juntas en armonía, uniendo sus diferencias a sus pies.

Notas

1. Véanse Lucas 10:38-40 y Juan 12:1-8, respectivamente.

2. Juan 11:5.

3. Lucas 10:38-40, LBLA.

4. Véase Juan 12:20-21.

5. Tommy Tenney, *La casa favorita de Dios*, Editorial Unilit, Miami, FL, 1999, citado del capítulo 2: «Falsas metas y cerraduras perfumadas», p. 23.

6. Mi amigo, Don L. Milam, hijo, autor de *The Lost Passions of Jesus* [Las pasiones perdidas de Jesús] (Mercy Place, un sello de Destiny Image Publishers, Shippensburg, PA, 1999), me envió primero una copia de esta historia. Nosotros también la encontramos en el sitio de Internet «Inner Light Productions» en www.innerlightproductions.com/ thoughts/ feb2298.htm. Este extracto se citó del libro de Benedicta Ward, The Desert Christian [El desierto cristiano], MacMillan, Nueva York, 1975, p. 223.

7. Algunos lectores quizá piensen que es impertinente que un ser humano sea «amigo» de Jesús. Por muchos siglos, este fue el dogma oficial de muchas organizaciones eclesiales. Repito, debemos consultar las Escrituras como la autoridad suprema en todas las materias. En Juan 15:14-16, Jesús habló de manera específica a sus discípulos en cuanto a su amistad con la humanidad. Además, Jesús habló a sus discípulos y se refirió a Lázaro como «nuestro amigo» en Juan 11:11.

8. Este intercambio ficticio con Lázaro también aparece en mi libro *Los Captores de Dios*, Caribe-Betania Editores, Nashville, TN—Miami, FL, 2001, p. 86 (del original en inglés).

9. Véase Juan 11:1-17.

10. Juan 11:20-28.

11. Los mismos textos siguientes nos hacen sospechar que Marta volvió a sus acostumbrados métodos de «hacerse cargo» cuando en *secreto* le envió a María lo que quizá fue una *mentira fabricada*. (Juan nunca dijo que Jesús preguntó por María y es poco probable que omitiera un detalle como ese.)

12. Juan 11:27. Compare este con la confesión de otra «Marta» llamada Pedro, quien también recibió una revelación de la divinidad de Cristo en Mateo 16:16.

13. Juan 11:28-33.
14. A pesar de las muchas advertencias previas que Jesús les dio acerca de su inminente muerte y resurrección en el tercer día, los discípulos, y la mayoría de las personas que siguieron a Jesús hasta el final, estaban en estado de choque cuando esto ocurrió. Cuando María Magdalena y otros testigos les contaron a los discípulos acerca de la tumba y los ángeles, la Biblia dice: «A los discípulos el relato les pareció una tontería, así que no les creyeron» (Lucas 24:11, NVI). Los dos hombres en el camino a Emaús estaban tan desanimados cuando Jesús murió sin liberar a Israel de la tiranía de Roma, que dudaban de su resurrección (véase Lucas 24:13-33).
15. Santiago 2:20b.

Capítulo cuatro

Y mucho menos…

Dejen a María ser María; dejen a Marta ser Marta

La última vez que lo comprobé, Dios había planeado que nosotros fuéramos conformados a su imagen… y esta no era «nuestra propia» imagen. Tampoco nos autorizó a que nos conformáramos a la imagen de *otras personas*, aunque nos gusta muchísimo la idea de que muchos de nosotros adoptamos como nuestra la idea del «ministerio» piadoso.

Como tantos novios antes que yo, me casé con mi esposa pensando: «Es una gran muchacha. Para cuando la termine de entrenar, va a ser increíble». (Una vez que deje de reírse disimuladamente, es probable que termine esta historia por mí.)

Ahora no estoy seguro a quién «entrenaron», pero ninguno de nosotros desearía comenzar de nuevo. A menudo le digo a las personas en nuestras reuniones: «Estoy domesticado y entrenado por completo. Es más, sé con exactitud lo que significa cuando mi esposa me llama "guapo". Esto quiere decir "dar algo"». (Ya se imaginará «quién entrenó a quién».)

Presuntuosamente imaginé que podía «entrenar» a mi esposa para que sea lógica y analítica, como yo, por supuesto. Pronto me di cuenta que mis esfuerzos a conformarla «a mi propia imagen» solo aumentaron su nivel de frustración (y el mío también).

Me tomó muchos años comprender que mi esposa es diferente a mí por muy buena razón. Caí en cuenta que era irrazonable pensar que sería «mejor» si de alguna manera se conformaba a mi imagen de lo que es mejor y de lo que no lo es. A partir de ese momento, nuestra relación matrimonial se convirtió muchísimo más interesante y menos frustrante para los dos.

Hace varios años que descubrimos que nuestra hija mayor piensa como yo más que mi esposa lo hace. Por esa razón, no es raro que los miembros de mi personal le hagan sus preguntas a mi hija cuando estoy fuera del país o de algún modo inaccesible. Aprendieron que ella puede casi siempre darles una pista acerca de cómo yo enfrentaría su problema si estuviera allí.

SU MANERA DE PENSAR
Y LA MÍA SON DIFERENTES

Ahora bien, si los miembros de mi personal necesitan una respuesta autoritativa, le presentan la misma pregunta a mi esposa. Por lo general, ella puede responder sus preguntas tan bien y con tanta precisión como yo. La diferencia es que no puede decirles *cómo* llegó a esa respuesta, mucho menos decirles cómo lo haría. ¿Por qué? Su manera de pensar y la mía son *Diferentes* (sí, con una «D» mayúscula).

Si estamos de acuerdo en conducir de un lado a otro de la ciudad en autos separados, mi esposa iría por un camino y yo por otro. Terminaríamos en el mismo lugar, pero le diría por qué tomé la específica ruta que escogí. Mi esposa pudiera incluso llegar al lugar más rápido de lo que yo lo haría, pero es probable que no pudiera explicar por qué tomó una ruta en lugar de otra. Le diría de plano: «No sé; es solo lo que hago siempre». (No quiero entrar en problemas aquí, pero ese es solo el camino que es.) ¿Es mejor mi camino? No, simplemente es el que prefiero.

Nada creará más confusión en su vida, en su iglesia o en su hogar que los esfuerzos malenfocados para obligar a las Martas a convertirse en Marías a la fuerza o en exigirles a las Marías que actúen como las Martas. Esto no da resultado.

Si se las ingenia para separar a una Marta de su trabajo por el tiempo suficiente para sentarla «a los pies de Jesús» por un largo período, lo disfrutará durante algún tiempo (al fin y al cabo, las Martas aman también a Jesús). Pronto, sin embargo, aunque el cuerpo de Marta podría estar en una postura de oración, sus pensamientos vagarían atrás a los platos sucios en el fregadero. Estaría pensando en todas las cosas que deben hacerse en la casa para hospedar como es debido al Señor y a cualquier invitado que venga a verlo. Simplemente, así es ella.

ES PARTE DE SU «ADN» ESPIRITUAL

Usted puede sacar a Marta de las sopas de las cocinas de los barrios pobres, pero nunca le quitará su amor y anhelo de servir a otros. Eso es parte de su «ADN espiritual».

Si persuade a María a entrar en la cocina y trata de hacer que ella sea una Marta, al poco tiempo fijará sus ojos en la ventana o mirará por encima del hombro hacia su lugar favorito de oración y encuentro, diciendo: «Desearía estar allí...» Usted no va a cambiar eso.

Puede sacar a María de su lugar secreto de oración o de adoración, pero nunca será capaz de eliminar la oración y la adoración del corazón y de la personalidad de María. Repito, eso es parte de su «ADN espiritual».

Si no podemos cambiar a otros para hacer que piensen exactamente de la manera que lo hacemos nosotros, ¿cuál es el verdadero significado de unidad? ¿Por qué es tan importante que valoremos los dones y las habilidades que Dios colocó en cada uno de nosotros? Mencioné esto en mi libro sobre la unidad bíblica, *El equipo soñado por Dios*:

> La unidad no es la ausencia total de conflicto. Eso sería uniformidad. La unidad es actuar de acuerdo con nuestro adversario, mientras caminamos juntos.[1] *La conciliación no es transacción o componenda*. Necesitamos un espíritu de reconciliación que nos lleve a la unidad. Lo necesitamos en nuestros corazones y en nuestros hogares. Entre amigos y compañeros de labores. Lo necesitamos en todas partes. Satanás siembra semillas de división en dondequiera que existe unión. *No necesitamos quien rompa y destruya las relaciones. Necesitamos quien las enmiende y reconstruya.*[2]

LA PREPARACIÓN PREVENTIVA
QUIZÁ PRECIPITE LA VISITACIÓN

A veces la «preparación preventiva» de Marta por la humanidad de Dios crea la atmósfera perfecta para una visitación de la Divinidad. La Biblia dice:

> *Aconteció que yendo de camino, entró en una aldea; y una mujer llamada* **Marta le recibió** *en su casa. Esta tenía una hermana que se llamaba María, la cual, sentándose a los pies de Jesús, oía su palabra.*[3]

Por lo único que María tuvo la oportunidad de sentarse a los pies de Jesús en la sala fue porque Marta lo invitó a su casa y trabajó en la cocina para prepararle una comida. *¡El ministerio de hospitalidad de Marta al Señor creó literalmente el estrado para el ministerio de adoración de María!* De un modo u otro, no creo que las cosas cambiaron mucho hoy. Es tiempo de dejar que María sea María, y dejar que Marta sea Marta. Entonces se lleva a cabo el propósito total del reino.

La práctica de Marta de «preparación preventiva» se destaca como única en el Nuevo Testamento, pero eso no es nuevo. Ella no fue la primera mujer que hizo preparaciones especiales para hospedar a un hombre de Dios en su hogar. Una mujer distinguida de un pueblo llamado «Descanso» (el significado literal de *Sunem*) «sujetó» realmente al profeta Eliseo y con firmeza lo persuadió a que comiera en su hogar.[4]   .

Esta mujer no se detuvo allí. Con rapidez puso en marcha el siguiente paso de preparación preventiva al insistirle a su esposo para que construyera un aposento especial de profeta para el hombre de Dios.

—Mi amor, ¿has notado ese profeta sin cabellos que pasa por aquí a menudo? A menos que esté equivocada por completo, parece que no tiene un lugar para quedarse.

—Sí, ¿y qué…?

—Pues tengo una idea. Creo que necesitamos construir un pequeño aposento de huéspedes para él al costado de la casa. Ya sabes, con una cama según el tamaño del profeta, una mesa bonita y una silla a fin de que pueda preparar allí sus mensajes. Y que te asegures de poner alguna lámpara de buen aceite de oliva... Creo que se va a quedar hasta tarde en la noche después de algunos de esos encuentros proféticos...

LA SUNAMITA TENÍA EL CORAZÓN DE MARÍA Y LA HABILIDAD DE MARTA

¿Qué hay que hacer con María y Marta? ¿Cómo se aplica al escenario de la iglesia local promedio? La sunamita tenía el corazón de María cuando llegó la hora de valorar la presencia profética de Dios representada por Eliseo, aunque también tenía la habilidad práctica de Marta de preparación preventiva para la visitación. Hace falta ambos tipos de unciones para percibir y prever la llegada de Dios y prepararse para esto de maneras prácticas.

«Todo el mundo quiere el beneficio del profeta, ¡pero ninguno desea pagarle la cuenta del hotel!»

Es bueno para una iglesia local construir una elaborada casa y obsequiar los «alimentos de la familia» favoritos (programas de ministerio). Está bien tener una colección de música preferida, donde diga: «Vamos a cantar primero esta canción, luego tendremos un solo durante las ofrendas y le seguirán tres canciones en este tono». No obstante, si desea que la presencia de Dios se detenga y permanezca en la casa, tendrá que prepararle un lugar.

Siempre que la Paloma, el Espíritu Santo, vuela, debe crear el lugar para Él en la tierra. Así es cómo «construye un aposento de profeta».

Cada vez que predico de este tema o escucho a algún ministro hablar sobre este pasaje, veo a un montón de personas asintiendo con la cabeza en aprobación. Todo eso está bien y es bueno, pero he notado que todo el mundo quiere el beneficio del profeta, ¡pero ninguno desea pagarle la cuenta del hotel! La sunamita deseaba pagar el precio de ir más allá de «la estancia de un día» además de compartir un pedazo de pan. Ella y su esposo invirtieron esfuerzos y recursos a fin de crear un ambiente para que el profeta se *quedara* como un huésped permanente e invitado.

Como Marta cientos de años antes, la mujer de Sunem preparó por adelantado el hospedaje de la unción de Dios. Como resultado, le habló a su vida en nombre de Dios, trayéndole un hijo a su avanzada edad y más tarde devolviéndole la vida a ese hijo después de morir prematuramente. Ella hizo su cama... y su hijo tuvo que reposar allí en la muerte. ¿Qué me dicen si no hubiera preparado un lugar? Su futuro se hubiera malogrado.

Esas dos mujeres iluminaron el sendero de la «preparación preventiva» mediante el servicio a la humanidad que trajo consigo la unción de la divinidad. Para esas dos buscadoras de Dios, la declaración llama de verdad: La habitación que prepararon para el siervo de Dios produjeron la resurrección a la vida cuando la muerte tocó en la puerta de la familia.[5]

¿Cómo podemos comparar a Marta con María? Alguien dijo: «Marta es la San Pedro, María la San Juan del [justo] género».[6]

La historia nos narra que la mayoría de las iglesias encuentra que es más fácil comprender a las Martas que a las Marías. A medida que disminuye el conocimiento íntimo de Jesucristo y el amor del conocimiento del hombre ocupa su lugar, las tinieblas se mueven encima de la iglesia. Las ideas políticas y el poder se convierten en el punto focal de muchos líderes religiosos, antes que la intimidad y la sumisión a la voluntad de Dios. Sin embargo, cada generación ha tenido sus Marías, buscadores de Dios que se enfrentaron a la persecución, la incomprensión y a la posible muerte por ir tras Él.

MIENTRAS MÁS PIERDE SU SAL LA IGLESIA, MENOS SEDIENTO LLEGA A ESTAR EL MUNDO

Poco a poco la iglesia pierde su comprensión de la salvación por gracia y la relación personal con el Salvador, pero se las ingenia para mantener algunos de los aspectos positivos de servicio a la humanidad. Fue más fácil alimentar al pobre que explicarle por qué los acontecimientos en el libro de Hechos dejaron de ser una parte normal de la vida cristiana. A medida que la iglesia pierde su relación íntima de la vida con Dios, también pierde su «salinidad» y su utilidad en el mundo. Mientras más pierde su sal, menos sediento llega a estar el mundo.

Los «místicos», las fervientes Marías y los buscadores de Dios de siglos anteriores, se enfrentaron a la excomunión, la tortura e, incluso, a morir quemados por la apasionada búsqueda del rostro de Dios. Todavía nos inspiran muchísimos de sus poderosos escritos, redactados en el calor de la persecución y la intimidad de la dulce comunión con Dios.

A través de la historia, Dios siempre ha preservado un «pequeño remanente» que le busca y vive lo mejor posible de acuerdo con su Palabra. A veces, Él incluso prendió la llama de grandes avivamientos que revitalizaron a naciones en su totalidad y restauraron la luz de su presencia para generaciones completas. ¡Él lo está haciendo de nuevo en nuestra generación!

Sabemos mucho esto: Marta necesitaba a María para que le recordara las advertencias del Señor sobre la decisión de escoger la «buena parte». María, por otro lado, necesitaba que Marta le recordara hacer de su fe e intimidad con la Divinidad un verdadero y amoroso consuelo para la herida humanidad a su alrededor. Sin el aporte de Marta, María quizá hubiera estado tentada a «ocultarse y esperar» en una cueva de ascetismo separada de la sociedad sin la capacidad de ayudar. Una de las claves para que cualquier iglesia prospere en los propósitos de Dios es permitir a sus Marías ser Marías y a sus Martas ser Martas.

EL CELOSO SERVICIO DE LAS MARTAS PUEDE FÁCILMENTE HOLLAR LA DISCRETA ADORACIÓN DE LAS MARÍAS

El mayor problema que enfrentamos en esta esfera hoy es enseñar a Marta cómo apreciar y valorar el ministerio de María, y viceversa. Las Martas, por naturaleza, tienden a ser más las que «tomen el control» y más emprendedoras en las situaciones sociales y de relaciones. El celoso servicio de las Martas puede fácilmente hollar la discreta adoración de las Marías. Si no hay una adecuada dirección o mediación entre las dos, a María muy bien la puede vencer y tragar la búsqueda (y delegación) entusiasta de Marta en el celoso servicio a la humanidad. Un escritor dijo de Marta:

> Marta tiene la responsabilidad en todo; este elemento, para bien o para mal, se extiende por todo su carácter, y es parte de lo más íntimo de su ser. Asume la responsabilidad con el corazón, con las manos, con los labios; se hace cargo de su propia casa, de la sepultura de su hermano, de su hermana y del mismo Señor. Está ocupada con sus manos preparando la cena para Jesús... Las manos tan activas como las suyas dejarían muy poco para que haga su hermana, y nada se haría tan bien, aunque María lo haga por ella.[7]

Me parece que Marta aprendió a apreciar el poder del servicio de María a la divinidad de Jesús. Quizá esto explica su «componenda» después de la muerte de Lázaro, donde ella le envió un mensaje a María de que Jesús la «había llamado». ¿Es posible que mandara a buscar a María con la esperanza de que su humilde acercamiento al Señor mediante la alabanza, la adoración y la tierna relación emocionaran al Maestro para que se aproximara a Betania, en una situación donde su repentino reto se mezcló con declaraciones de fe que habían fallado?

MARTA VIO ALGO EN JESÚS
QUE DESEABA EN SU CASA

Mi objetivo es aclarar la creciente apreciación de Marta por la unción de María, no el de señalar con el dedo de culpa a la hermana mayor, «orientada a la acción», de María. A su manera, Marta era también una apasionada buscadora de Dios. Nadie acude al problema que tuvo Marta para ofrecer un «hogar lejos del hogar» a un predicador ambulante. Debe haber pensado primero que Jesús era algún rabí itinerante que viajaba con un gran grupo de siempre hambrientos pescadores, cobradores de impuestos y otros tipos de seguidores. *No le tomó mucho tiempo para ver algo en Jesús que ella deseaba en su casa a cualquier precio*, aun si no comprendía por completo la doble senda de hospitalidad que exigía Él.

María también debe haber apreciado las habilidades de su hermana (aunque estoy seguro que a veces estas la irritaban). ¿Alguna vez se preguntó cómo María adquirió «el equivalente al salario de un año» para comprar el frasco de alabastro del precioso ungüento que usó para ungir a Jesús? No era casada y que se sepa no era comerciante. Puesto que María vivía en la casa de su hermana mayor con su a veces enfermizo hermano, Marta era la más lógica fuente de dinero,[8] sin importar cómo usted reconstruya el pasado de María.

Juan aclara que María ungió a Jesús con un costosísimo aceite y le secó los pies con sus cabellos al menos *dos veces*: una antes que su hermano Lázaro se enfermara y de nuevo en Betania en la casa de Simón el leproso, justo antes de la muerte y resurrección de Jesús.[9]

En nuestro primer vistazo a María y Marta, la tensión entre las dos llega hasta el punto donde el conflicto abierto comienza a tener lugar. Esto ocurre porque dos «hermanas ungidas» a menudo no aceptan el valor de la perspectiva de la otra.

En la segunda aparición, las hermanas están unidas en duelo por la pérdida de Lázaro, aunque todavía expresaban su pena y buscaban consuelo de maneras radicalmente diferentes. La tendencia de Marta a que «la acepten» y «hacer que las cosas ocurran» es aún obvia en su manipulación a través de un mensajero.

DIOS ES BENDECIDO CUANDO AMBAS UNGIDAS PROSPERAN EN SU PRESENCIA

En su tercera y final aparición en los Evangelios, María y Marta demuestran lo que puede pasar cuando trabajan juntas para servir al Señor. Dios es bendecido cuando ambas ungidas están permitiendo prosperar en su presencia:

> *Seis días antes de la pascua, vino Jesús a Betania, donde estaba Lázaro, el que había estado muerto, y a quien había resucitado de los muertos. Y le hicieron allí una cena; **Marta servía**, y Lázaro era uno de los que estaban sentados a la mesa con él. Entonces **María tomó una libra de perfume de nardo puro, de mucho precio, y ungió los pies de Jesús, y los enjugó con sus cabellos**; y la casa se llenó del olor del perfume.*[10]

Esta vez, Marta seguía sirviendo, pero su servicio de amor no se ofrece con el indicio de irritación ni celo de la primera ocasión.[11] Casi parece que María se acercó al Señor para ungirlo con la bendición y el apoyo de Marta. En este sentido, la fragancia que llenó la habitación se producía por la amorosa unidad del evidente propósito en los corazones de los tres miembros de la casa de Marta. Marta ministró a la humanidad del Maestro, Lázaro ministró el alma del Señor (al fin y al cabo, acababa de tener un conocimiento personal del sendero que tomaría el mismo Jesús), y María sirvió tanto a su divinidad y su humanidad. (María fue la que ungió el cuerpo físico del Cordero de Dios justo antes de que se ofreciera en el altar de la obediencia en el Calvario.) Marta sirvió su humanidad, María adoró su divinidad.

DIOS DESCRIBE EL SERVICIO DE MARÍA Y MARTA A FIN DE QUE APRENDAMOS DE ELLAS

Esta comida íntima de honor no se recordó en las Escrituras simplemente debido a su belleza ni porque es una agradable secuela de una historia. No, al igual que toda la Escritura, fue porque «toda la Escritura es inspirada por Dios y útil para enseñar, para reprender, para corregir y para instruir en la justicia».[12] En otras palabras, Dios describe el servicio de María y Marta en la casa de Simón porque nosotros *aprendemos* de esto.

Ningún *servicio* de adoración será completo si se aísla de la voluntaria participación de María *y* Marta en la amplitud de sus dones y habilidades. Las palabras de Jesús suenan en verdad hoy si se aplican a las personas heridas en un callejón de un barrio pobre del centro de una ciudad o a las personas dañadas que andan por los pasillos alfombrados de iglesias en las afueras de la ciudad:

> «*Vengan ustedes, a quienes mi Padre ha bendecido; reciban su herencia, el reino preparado para ustedes desde la creación del mundo. Porque tuve hambre, y ustedes me dieron de comer; tuve sed, y me dieron de beber; fui forastero, y me dieron alojamiento; necesité ropa, y me vistieron; estuve enfermo, y me atendieron; estuve en la cárcel, y me visitaron*».[13]

María no se puede dar el lujo de mantener a Marta a distancia; ni Marta se puede permitir el lujo de sacar a María de su cocina (para que no olvidara la importancia de «la buena parte»), ni obligarla a entrar en la cocina (y robarle al Señor de su adoración). Cuando María permanezca unida a Marta, no tendrá que preocuparse por llevar su fe a las calles ni ministrar a las necesidades humanas. Marta estará allí para recordarle cómo ser bendecida del Padre al bendecir a otros. Ninguno se va a casa hambriento o desnudo donde Marta está liberada para servir en su gran unción.

Marta, por su parte, no tendrá que preocuparse por la pérdida de las cosas más importantes de la vida a través del obsesivo servicio de sus manos solamente, María sonará la alarma cuando el Maestro entre a la casa. «Llegó el momento, Marta, rápido, quítate el delantal y sígueme. El Maestro en verdad te está llamando… es el momento de hacer la cosa más importante. El Padre está aquí. Él está esperando por tus besos».

Notas

1. Véase Mateo 5:25.

2. Tommy Tenney, *El equipo soñado por Dios: Una llamada para la unidad*, Editorial Unilit, Miami, FL, 1999, capítulo 3: «Unidad, no uniformidad», pp. 51-52.

3. Lucas 10:38-39.

4. Estos hechos se describen en 2 Reyes 4 (LBLA). Según James Strong, la raíz de la palabra para *Sunem* significa «descansar», y la palabra hebrea para «persuadir» («constreñir» en la Versión Reina Valera Antigua) significa «fijar en». Véase la *Nueva Concordancia Strong Exhaustiva*, Editorial Caribe, Inc., una división de Thomas Nelson, Inc., Nashville, TN—Miami, FL, 2002, definiciones hebreas #7766, 7764 y 2388 respectivamente.

5. Opino que ambas mujeres, la sunamita y Marta, practicaron la «preparación preventiva» que a la larga liberó el poder de resurrección de Dios para levantar muertos en sus familias. De ninguna manera sugiero que el profeta Eliseo fuera igual a Jesucristo, el único Hijo engendrado de Dios. Sin embargo, es adecuado referirse a ambas como «siervas de Dios» (cf. Mateo 12:18, donde a Jesús lo llaman «Mi siervo, a quien he escogido»).

6. A. Moody Stuart, *The Three Marys* [Las tres Marías], The Banner of Truth Trust, Carlisle, PA, 1984, p. 181. El autor menciona esta cita de *La Famille de Bethanie* [La familia de Betania], por L. Bonnet, pastor de la iglesia francesa protestante de Londres; traducido también al inglés.

7. *Ibídem.*

8. A. Moody Stuart dijo de la casa de Marta en *The Three Marys*: «Sus circunstancias eran tales que les hacían posible ejercitar la hospitalidad y a la vez les daban una convincente excusa por su omisión que tuvieran ellos que buscarla. Sin duda, la familia debe haber disfrutado de aparente comodidad que, por lo general, acompañaba a una amplia influencia; por lo que eran bien conocidos y sumamente respetados, no solo en su aldea nativa, sino también en Jerusalén, por lo que unos judíos vinieron a consolar a las hermanas por la muerte de su hermano. Sin embargo, por otra parte, sus medios no eran como para rodearse de sirvientes y para que los aliviaran de las cargas del grupo familiar» (p. 151).

9. Véase Juan 11:1-2, donde Juan escribe: «María, cuyo hermano Lázaro estaba enfermo, fue la que ungió al Señor con perfume, y le enjugó los pies con sus cabellos». Luego vaya al siguiente capítulo donde Juan describe el *segundo* y final ungimiento de María a Jesús en la casa de Simón

(véase Juan 12:1-8, así como las narraciones similares en Mateo 26:3-16 y Marcos 14:1-10). Lo que los eruditos no saben es si María fue o no la mujer «pecadora» que ungió antes a Jesús en la casa de un fariseo llamado Simón (Lucas 7:36-50). Esta es solo otra mención de una mujer que rompiendo un frasco de alabastro ungió a Jesús con aceite y secó sus pies con su cabello. Sin embargo, aun si en su antigua vida María actuaba como una pecadora o prostituta y usó las ganancias para comprar el primer frasco de alabastro de aceite fragante para la unción, sabemos que ella no fue más la misma una vez que se encontró con Jesús. Esto todavía señala a Marta como la fuente básica de María de apoyo financiero en subsiguientes compras de aceite o ungüento de unción. Lázaro quizá ayudaba, pero Marta parece ser la dueña de la casa.

10. Juan 12:1-3, énfasis mío.
11. A. Moody Stuart escribió del servicio de Marta en la casa de Simón el leproso:
   «En el gran banquete después de la resurrección de Lázaro se sigue escribiendo que "Marta servía". Su trabajo era necesario. Al fin y al cabo, sin el servicio no puede haber banquete ni tampoco algunos de los gloriosos incidentes del mismo; y esto es un honor para Marta, o para cualquier hija de Israel, que la llamaran y que voluntariamente ministrara los deseos terrenales de Cristo o sus discípulos. Sin embargo, esta es la primera decisión de Marta que permanece en ella, pero purificada y exaltada; todavía es servicio, pero sin la preocupación y la distracción; es servicio, pero sin murmurar más de María al dejarla por segunda vez sentada a los pies de Jesús; es servicio, pero en libertad y no en esclavitud» (*The Three Marys*, pp. 184-185).
12. 2 Timoteo 3:16, NVI.
13. Mateo 25:34-36, NVI.

Capítulo cinco

Demasiado pesado
para volar

¿Qué significa ser «pesado»?

Precisamente el otro día mientras intentaba registrarme para un vuelo, el agente de la taquilla de la aerolínea anunció con severidad: «Señor, usted tiene demasiados bultos para volar». Protesté porque volaba a menudo con esta misma cantidad de equipaje. Él replicó: «¡No en este avión pequeño!» Me vi obligado a escoger entre no ir a ninguna parte o «aligerar mi carga».

¿Cuán a menudo durante un día típico abandonamos el ministerio de María por buscar los negocios de Marta? Demasiados de nosotros pasamos la vida escogiendo y consumiendo las «segundas cosas mejores» de la vida en lugar de buscar la «buena cosa» como hizo María.[1] Note que no digo que escogemos «cosas malas». Tendemos a llenar nuestra vida con cosas «buenas» por la mayoría de las normas, solo que no son las mejores cosas.

Mi familia me ayudó a descubrir una de mis «segundas mejores decisiones» durante una reciente época de días festivos. La familia Tenney está acostumbrada a su muy ajetreado estilo de vida. Todo el mundo sabe que cuando estoy en casa, es de esperarse que asista al menos a media docena de reuniones cruciales cada día y entable conversaciones telefónicas con personas de todas partes de Estados Unidos y de otras naciones. (Si no hice la «multitarea», no hice toda la «tarea»). En este libro, ¡he estado conectado con mi teléfono celular alrededor de tres mil minutos al mes!

Durante un período particularmente de mucho estrés antes de la época de fiestas, me apresuraba de día y de noche a fin de tener algún tiempo libre con mi familia por unos días. Todo esto solo parecía empeorar las cosas.

Lograba frustrar por completo a mi familia. Fue tan malo que si hubieran tenido que «echarme» por un tiempo, lo habrían hecho. Por último, ¡mi esposa y mis hijas levantaron el teléfono y llamaron a mi pastor! Se comunicaron con un antiguo hombre de estado del Cuerpo de Cristo, en realidad el pastor al que le rendía cuentas en Nueva Orleans, y básicamente dijeron: «Queremos hacer algo con nuestro papá. ¡Nos está volviendo locas!»

Él vino a verme y me «pastoreó» con tal amabilidad que me estuvo tirando de las orejas hasta que se fue a casa. Sobre todo recuerdo una cosa que me dijo: «¿Sabes lo que tus hijas me dijeron sobre lo que más les molestaba? No se trata de tu ministerio, se sienten bien con todo lo que haces».

Me sentí mejor en ese momento, pero no estaba preparado para lo que me iba a decir después. Mi pastor dijo: «Tu familia dijo que cuando estás con ellos, vas a interrumpir esos tiempos privados en familia para tomar una llamada telefónica de cualquiera que sea. Sin embargo, les dices a los miembros de tu familia que su tiempo es valioso». Supe que lo que decía era verdad.

MI FAMILIA ME PUSO UNA «DIETA DE TELÉFONO CELULAR»

Después que mi pastor se fue, hablé con mi familia y estuve de acuerdo en hacer una «dieta de teléfono celular» en los días festivos. Me gustaría decirle que todo marchó sin problemas, pero mi «dieta de teléfono celular» tuvo algo en común con otros tipos de dietas. Cuando mi director de ministerio me llamó, con timidez contesté el teléfono celular y susurré: «No puedo hablar contigo ahora... Te llamaré más tarde». Cuando pensaba que nadie en mi familia me estaba mirando, me deslicé escaleras abajo e hice «trampas» en mi dieta llamándolo de nuevo.

—Está bien, ¿qué necesitas? Apúrate… ¡rápido!

—¿Qué te pasa?

—Tengo una dieta de teléfono celular…

Nosotros hacemos lo mismo con Dios. Le decimos que valoramos su presencia, pero si alguna otra persona o algo «llama», abandonaremos nuestra posición de adoración para correr a la «cocina» del esfuerzo humano o al cómodo régimen de esfuerzo religioso.

Creo que de alguna manera Él sonríe (como quizá mi esposa e hijas lo hacen de mí), y de vez en cuando Él nos dará una palmadita en el hombro y nos dirá: «Estás en una sobrecarga sensorial. Apaga de vez en cuando tu "teléfono celular de Marta" del campo humano. Aprende solo a escapar y pasar algún tiempo conmigo».

A veces usted tiene que apagar una cosa para encender otra. A lo mejor ha escuchado una o más versiones de la historia del «mono y el coco», en la cual se captura un mono salvaje abriendo un hueco en la cáscara del coco. Se le ata una cuerda al coco y se llena de alguna atractiva carnada. El curioso mono mete la mano en el coco para tomar por la fuerza la carnada, pero una vez que el animal llena su mano con el «botín», es demasiado grande para que pase por la pequeña abertura. Entonces capturan fácilmente al mono con una red porque se niega a soltar su «buena cosa» dentro del coco por ganar la «mejor cosa»: su libertad.

NOSOTROS COMETEMOS
EL MISMO ERROR QUE MARTA

Cuando tenemos falta de disciplina y discernimiento para priorizar la presencia Divina sobre el desempeño humano, nos negamos a soltar nuestro «botín» terrenal para ganar lo mejor de Dios. Cometemos el mismo error que Marta y llegamos a estar «abrumados», como lo llama la Nueva Versión Internacional:

Marta, por su parte, se sentía abrumada porque tenía mucho que hacer. Así que se acercó a él y le dijo:

—Señor, ¿no te importa que mi hermana me haya dejado sirviendo sola? ¡Dile que me ayude!

—Marta, Marta —le contestó Jesús—, estás inquieta y preocupada por muchas cosas, pero solo una es necesaria. María ha escogido la mejor, y nadie se la quitará.[2]

Algunas veces podemos entrar en tal sobrecarga sensorial que pasamos por alto esos momentos de visitación o comunicación divina. Estamos tan ocupados que nos olvidamos de escoger la mejor cosa e ir tras ella.

¿ES ESE SU EXCESO DE EQUIPAJE?

La palabra original griega traducida como «abrumar» (o «estorbar» en otras versiones) significa «arrastrar todo alrededor».[3] A veces usted tiene cargas por todas partes que sobrepasa tanto el equipaje que no puede sentir cuando Él le da una palmadita en el hombro. La versión Reina Valera Antigua añade otra dimensión cuando dice que Marta estaba «distraída». El pastor y escritor escocés, A. Moody Stuart, lo dice de esta manera:

> Marta […] quizá aceptó hacer muchas cosas en el servicio de Jesucristo, con el propósito de agradarlo y honrarlo. Es triste, pero el caso es común; de hacer mucho por Cristo, aunque atendiendo menos al mismo Cristo, sus enseñanzas, presencia y compañerismo. Carente de Jesús trabajaba por Jesús, y se resistía a que su hermana la dejara sin ayuda en su trabajo. Se imaginaba que Cristo tenía una gran necesidad de sus servicios y que lo agradaría mejor al brindarle muchas cosas en su honor. Sin embargo, equivocó su carácter y llamado que no vino para que lo ministraran, sino para ministrar, y dar su vida en rescate por muchos. Jesús no buscó lo de ella, sino a ella; no vino a recibir, sino a dar; no

necesitaba a Marta, sino que Marta tenía necesidad urgente de Él.[4]

En la Epístola de Hebreos, la Biblia nos ofrece una prescripción y una cura para los «pesos»:

> *Por tanto, nosotros también, teniendo en derredor nuestro tan grande nube de testigos, despojémonos de todo peso y del pecado que nos asedia, y corramos con paciencia la carrera que tenemos por delante.*[5]

ELIMINE TODO ESE PESO QUE LO DESPLOMA

Mi padre y yo analizamos el significado de la palabra «estorbo» en la Epístola a los Hebreos:

> Según una edición de la Biblia que contiene pasajes comparativos de veintiséis traducciones diferentes, este pasaje de Hebreos 12:1 dice: *«Quitémonos todo estorbo»* (traducción de Rotherham), o *«Echemos a un lado todo estorbo»* (traducción de Weymouth). La traducción de Williams lo expresa con un poco más de fuerza: *«Arrojemos todo impedimento»*. La Versión del siglo veinte dice: *«Pongamos a un lado todo lo que nos impide»*, mientras que la traducción de Knox reza: *«Librémonos de todo lo que nos sobrecarga».*[6]

Quizá debí haber llamado a mi instructiva experiencia de los días festivos un «ayuno de teléfono celular» en lugar de una «dieta de teléfono celular». Esto involucraba «apagar» el teléfono celular (y la oportunidad de tener una conversación usando un puño lleno de componentes electrónicos) a fin de disfrutar con más satisfacción (y vitalidad) las conversaciones cara a cara con mi amada familia.

A veces el ayuno aclara la atmósfera espiritual y elimina las interferencias competitivas. Recuerde que en el ayuno no se hace nada para Dios; es para usted. Imagínese conduciendo por la carretera con un buen amigo que está tratando de tener una conversación importante con usted. El problema es que tiene la radio tan alta, que le resulta difícil escuchar lo que está diciendo el amigo. Puesto que es su auto, su amigo está esperando que *usted* apague la radio.

Ayunar es cuando extiende la mano y apaga la radio con el fin de escuchar lo que dice su amigo. Ayunar es cuando un ocupado padre y esposo apaga su teléfono celular para pasar tiempo en privado con sus hijos y esposa. En el campo espiritual, a veces tenemos que ejercitar la disciplina para equilibrar nuestra vida mediante el ayuno: apagando el tiempo suficiente las cosas buenas (todo lo de nuestro «ministerio de Marta») para recibir la *mejor* cosa del Amigo que está más cerca que un hermano.[7]

LA COMPASIÓN ES LA SEMILLA
DE LO MILAGROSO

La confusión cultural y la niebla tóxica espiritual que se impregna de nuestra vida apenas cambia en mi espíritu porque estoy convencido de que es el principal culpable de nuestra falta de compasión como cristianos y discípulos de Cristo. Cualquier examen serio de las Escrituras del Nuevo Testamento revela que la *compasión* es la semilla o génesis de la mayoría de los milagros que hizo Jesús.

En el Nuevo Testamento existen cinco verbos griegos traducidos como «compasión» y, a excepción de uno, todos significan tener piedad, conmiseración o misericordia, entre otras cosas. Uno de ellos, *splagcnizomai*, se destaca como el principal verbo usado la mayoría de las veces para describir la manera en que Jesús se *sintió* cuando presenció el sufrimiento o el dolor de los demás.[8] *Usted quizá no sea capaz de pronunciarlo, pero es probable que sepa lo que es sentirse así.*

En realidad, la palabra *compasión* se le resta importancia cuando se compara con el verdadero significado de esta palabra griega única. Literalmente significa «sentir que las entrañas anhelan»[9] y «ser movido a compasión, anhelar con compasión».[10] ¿Alguna vez ha observado una escena con tanto movimiento que le hace daño? Si es así, usted conoce el verdadero significado del «tipo de compasión de Jesús».

Si la compasión ayudó a generar los milagros de Jesús, nosotros debemos buscar y preservar el mismo tipo de compasión en nuestra vida. Es por eso que soy cuidadoso en cuanto a lo que escucho y veo (y no solo en términos de moralidad). Trato de mantener una «dieta» que me guarde de sobrecargarme de cosas malas. No deseo parecer arrogante, pero trato de guardar mi sensibilidad espiritual.

Cuando estaba en la universidad, ayudé a construir casas para ganar un dinero extra. Tenía callos en ciertas partes de mis manos por la oscilación del martillo debido a que los dos estaban en constante contacto día tras día.

LOS «CALLOS» ESPIRITUALES Y EMOCIONALES APARECEN EN EL SITIO AL QUE ESTÁ EXPUESTO

El mismo «efecto de callosidad» ocurre en su conciencia cuando entra en constante contacto con emociones extremas, la violencia o la sensualidad. Los «callos» espirituales y emocionales aparecen en cualquier punto al que está expuesto a esos extremos de torrentes sensoriales. Dios no diseñó el cuerpo humano, el alma o el espíritu para que lleve ese sobrepeso sensorial.

He hablado con personas que trabajaron en Somalia o Etiopía donde ayudaron a trabajadores que trataban a miles de niños al borde de la muerte y donde poblaciones enteras de jóvenes y ancianos estaban devastadas por las avanzadas etapas de enfermedad e inanición.

Cuando les pregunté cómo se enfrentaban con tal pena y dolor interminables, dijeron: «Esto siempre te molesta, pero si estás allí por algún tiempo, adquieres cierta actitud». Un hombre me dijo: «Si no desarrollaras un poco de callosidad para protegerte psicológicamente, te enfermarías».

Explicó que uno tiene que desvincularse del incesante dolor de la herida humanidad que se arremolina alrededor de uno. Hay que alejarse y darse cuenta: «Estoy haciendo solo todo lo que puedo».

Nosotros podemos seguir sintiendo el dolor oculto en algún lugar debajo de las capas de aislamiento, tal y como podemos todavía «sentir» la presión del martillo que tenía la costumbre de balancear todo el día por muchos años mientras era un estudiante de la universidad. Sin embargo, si tomara ese mismo martillo hoy y lo usara solo por una hora, me saldrían ampollas en mi mano.

La constante exposición y el contacto, ya sea a lo sagrado o a lo profano, producen callosidades en el corazón humano. ¡Aun las cosas sagradas se convierten en comunes y corrientes! ¡Pregúntenle a Uza! La madre de un bebé puede desarrollar «sordera» a los gritos menos urgentes de su hijo (aun cuando todos los demás a su alrededor quizá se estén halando el cabello). De la misma manera, alguien que trabaja en un ambiente de constante profanidad e impiedad se vuelve casi inconsciente de sus destructivos efectos en el espíritu humano.

Las «Martas» en el cuerpo de Cristo tienden a desarrollar callos hacia lo conocido o demasiado familiar con la manifiesta presencia de la Divinidad cuando día tras día se enfocan exclusivamente en las necesidades de la humanidad.

«¡PAPÁ, NO PUEDES VER ESA!»

He aprendido a ser cuidadoso en lo que veo y escucho cada día. De tiempo en tiempo, mi esposa y mis hijas puede que quieran ver una película, pero ya ellas conocen a papá. Una de mis hijas diría: «¡Papá, no puedes ver esa!», porque saben que si veo algo que sea muy emocional o de acción, me «pone muy nervioso» por dos o tres días. Andaría todos los días pensando: *Ay, caramba, ¡no puedo creer que muriera! Se debía haber hecho algo.*

Mi familia no malgasta su tiempo ni dinero en películas malas o entretenimiento inmoral, pero yo tengo que evitar hasta las buenas películas con un contenido extremadamente emotivo. ¿Por qué? Estoy determinado a guardar mi sensibilidad espiritual de modo que cuando la suave brisa del Espíritu Santo, la Paloma celestial, sople a través de la iglesia o de mi corazón, seré sensible a Él. Me privaría bastante de la exposición a las «cosas buenas» a fin de ser sensible a Él y recibir la mejor cosa de Dios.

De vez en cuando veré uno de los anuncios de información acerca de los niños que mueren de hambre en Somalia o Etiopía, y pasaré los tres días siguientes en oración intercesora. (Por lo general, evito esos programas, pero a veces el Espíritu Santo obra a través de esos programas para ayudarnos a liberar la protección de hierro que se aferra a nuestro corazón y chequeras.) La clave es la suave conducción del Espíritu Santo.

Los medios saturados y el sensacionalismo de la vida moderna pueden con facilidad y rapidez desensibilizarnos a la suave voz y dirección del Señor. Por esta razón, debemos aprender a cómo priorizar nuestras pasiones y permanecer sensibles a los deseos de Dios. Pienso que Jesús era de esa manera. En muchos lugares, el Evangelio nos narra que fue «movido a compasión». En otros momentos parecía aislarse de la humanidad herida.

«TENGO QUE HACER ALGO EN CUANTO A ESTO»

La compasión representó un papel crucial en los milagros que realizó Jesús durante su ministerio. Me parece que muchos de los más grandes milagros ocurrieron de manera fortuita; al parecer «ocurrieron» en el curso de los hechos de cada día. Jesús vería un problema y básicamente diría: «Tengo que hacer algo en cuanto a esto».

Es más, estoy convencido de que casi siempre, Jesús no «planeaba con antelación» los milagros; los hacía sobre la marcha.[11] (No tengo problemas con la planificación de los cultos de sanidad; pueden ser eficaces herramientas para ganar a los perdidos. Anúncielos y hágalos cada vez que pueda, pero confíele a Dios que cree el momento de la intervención milagrosa por Él mismo.)

La viuda de Naín no tenía idea que el rabí judío llamado Jesús interceptaría la procesión del funeral por su hijo. La Biblia no indica que Jesús no lo previó tampoco. Solo iba caminando por la calle principal para pasar por la puerta de la ciudad a fin de cumplir con su siguiente cita cuando pasó la procesión del funeral.

> *Cuando llegó cerca de la puerta de la ciudad, he aquí que llevaban a enterrar a un difunto, hijo único de su madre, la cual era viuda; y había con ella mucha gente de la ciudad.* **Y cuando el Señor la vio, se compadeció de ella,** *y le dijo: No llores. Y acercándose, tocó el féretro; y los que lo llevaban se detuvieron. Y dijo: Joven, a ti te digo, levántate. Entonces se incorporó el que había muerto, y comenzó a hablar. Y lo dio a su madre.*[12]

Como un maestro judío, Jesús estaba muy al tanto de las advertencias en la ley mosaica que prohibían tocar un cuerpo muerto. Cualquier judío practicante que tocaba un cuerpo muerto se consideraba ceremonialmente impuro por siete días, aun si seguía las directivas para la limpieza ceremonial. Si fallaba en ir a través del proceso de purificación, estaba sujeto a la pena de muerte.[13]

Jesús evitó este problema en una sencilla pero sobrenatural manera: Nunca tocó un cuerpo muerto porque, en el momento que su dedo de divinidad tocó la cubierta sin vida de humanidad, ¡el cuerpo dejó de estar muerto!

La Biblia dice que Jesús tenía una gran multitud a su alrededor cuando el «desfile de Jesús» hizo un alto por el convoy de la muerte. ¿Puede ver todos los discípulos del Señor y los fanáticos religiosos presionándolos alarmados cuando vieron su audacia de detener el desfile de la muerte y acercarse al féretro del muchacho muerto? «¡No lo toques, Maestro! No lo toques... ¡Estarás inmundo!» Ellos sabían que si Jesús tocaba el cuerpo, no podían andar con Él. Habrían tenido que cruzarse de brazos y agarrar sus cosas por su cuenta durante siete días. Todavía no comprendían que *el toque de Dios puede matar las cosas vivientes como la higuera sin frutos y restaurar la vida a las cosas muertas.*

SU COMPASIÓN LO HIZO CAER
DEL BORDE DE LA INACTIVIDAD

¿Qué movería a Jesús tan poderosamente que retaría a la muerte, la más poderosa ley natural de la existencia humana en la esfera de la caída? Sabemos que Él vio las lágrimas de la viuda y sintió una profunda pena. Es evidente que al ver que la mujer había perdido a su esposo y a su único hijo por la muerte, fue movido a tanta compasión que lo sacó del borde de la inactividad.

Creo que muchos norteamericanos y europeos están tan sobreexpuestos al estímulo emocional a través de los medios de comunicación que nuestra capacidad para la compasión está extraordinariamente comprometida o al menos disminuida. Vemos demasiado. Incluso la Asociación Estadounidense de Psiquiatría ha tomado una firme posición contra la violencia de los medios.

«Una estadística citada con frecuencia todavía sigue repitiendo: el niño estadounidense típico mira veintiocho horas de televisión semanales y a los dieciocho años de edad habrá visto dieciséis mil muertes aparentes y doscientos mil actos de violencia. Como ha crecido la evidencia conectada a esto y se incrementó la agresión por la excesiva exposición a los entretenimientos violentos, los psiquiatras, los pediatras y otros médicos y proveedores de salud mental se han unido para hacer un llamado por los límites en la cantidad de imágenes violentas a las que los niños están expuestos [...]

»Los niños y los adolescentes están más expuestos que nunca a las imágenes de violencia de los medios. Tales imágenes no solo se esparcen por la televisión, sino también por las películas, la música, los medios de la Internet, los videojuegos y los materiales impresos. Los anuncios de la televisión para niños son de cincuenta a sesenta veces más violentos que los programas de horarios de mayor audiencia para adultos, mientras que el promedio de algunos dibujos animados es de más de ochenta actos de violencia por hora [...] Una vez más, esas imágenes desensibilizan a los niños por los efectos de la violencia, el incremento de la agresión y ayuda a fomentar un clima de terror».[14]

La frase «efectos de los juegos de videos de salones recreativos» describe la manera en que los niños armados pueden disparar con sangre fría a las personas y no sentir emoción por su crimen. ¿Por qué? Muchos creen que se debe a que algunos niños practican tanto la muerte de las personas en los juegos de videos que ya no separan la realidad del asesinato de los actos simulados en una pantalla de video. Para ellos, la vida no es nada más que un juego.

TIENEN SU CONCIENCIA
MARCADA CON EL HIERRO

Los cristianos no deberían sorprenderse ni un poquito. Hace mucho tiempo que Dios nos advirtió acerca de esto en su Palabra. El apóstol Pablo lo llamó «[su] conciencia está marcada con el hierro».[15] El pecado quiere formar callos sobre su sensibilidad interna a la voz de Dios y embotar el dolor del pecado a fin de que no lo moleste más para hacer las cosas que nunca haría bajo mejores circunstancias.

Ahora bien, en cuanto a las buenas nuevas: Si es capaz de levantar el nivel de su sensibilidad hacia la voz de Dios y hacia el pecado, es capaz de levantar lo milagroso en su vida. ¿Cómo puedo reclamar tal cosa? Recuerde que la *compasión* fue lo que movió a Jesús a entrar en el campo de lo milagroso.

«Vámonos del culto... quieren tiempo entre ellos de nuevo».

Me parece recordar al difunto John Wimber diciendo: «Usted no puede contar las buenas nuevas y ser las malas nuevas». Esto pasa cuando trata de mezclar la compasión con la apatía, las prioridades erróneas o el pecado. Esta es una de las más costosas consecuencias de estar «abrumado». Considere esta descripción de Marta y pregúntese si se ha convertido en «buenas nuevas» o «malas nuevas» para las personas con que se encuentra o trabaja cada día:

> Marta escoge muchas cosas, excesivas atenciones, considerables cargas y no estaría feliz sin ellas. No es feliz con ellas pues no le dan paz, pero tampoco puede descansar sin ellas [...] Su carga es de decisión y no de necesidad. Jesús no le agradeció a Marta sus numerosas cosas, mucho menos su cantidad de problemas por ellas; y todo lo que se requería podría muy bien haberse logrado por sus activas manos con un espíritu sin cargas. Sin embargo, a su corazón le encantaba preocuparse, abrumarse y las múltiples distracciones. Esas eran una parte de su alma y todavía estaba demasiado afectuosamente casada con ellas.[16]

¿Alguna vez ha sentido la frustración del Espíritu Santo por la callosidad humana? Parece que esto ocurre con frecuencia en medio de los cultos de la iglesia, cuando hay un flujo de adoración corriendo hacia arriba y la presencia de Dios es copiosa. Luego, alguien siente que es tiempo de continuar, así que dice: «Vamos a seguir con el culto».

Esto aflige a menudo al Espíritu y provoca que Dios diga: «Vámonos del culto... quieren tiempo entre ellos de nuevo». No debe sorprendernos cuando la manifiesta presencia de Dios desaparece al instante. Este es un caso donde «la presión de las personas hace salir la Presencia».

Hay momentos cuando es «bueno» o apropiado pasar de la adoración a alguna otra cosa. (Por lo general, esto es cuando sentimos en verdad que Dios está preparado para bendecir a su pueblo a través de su Palabra o mediante la ministración personal.) No estoy tratando de juzgar a nadie que interrumpe un culto de adoración; mi idea es que debemos honrar al Espíritu Santo.

Pablo aclara eso de que podemos entristecer al Espíritu Santo a través de nuestras palabras y hechos.[17]

Oro para que Dios nos dé la sensibilidad de saber cuándo debemos desempeñar una faceta: La faceta de Marta del servicio a la humanidad o la de María de adoración ante la Divinidad. Día a día necesitamos con desesperación la sabiduría de Dios. Mientras tanto, vivimos de buena gana en la tensión entre los dos ministerios de la iglesia.

Cuando la infame «película melodramática» de la elección presidencial de Estados Unidos se prolongaba semana tras semana, un día mi hija menor vino y me preguntó algunas cosas. Como millones de otros adultos estadounidenses que votaron en ese tiempo, trataba lo mejor posible de conseguir una pista acerca de lo que en realidad estaba pasando. Por lo tanto, dije: «Shhh, estoy tratando de escuchar lo que pasó».

En su tono más disgustado, mi hija asumió la actitud de toda la nación en ese momento cuando dijo: «¡Estaré muy contenta cuando *alguien sea presidente!*»

Lo que en realidad estaba diciendo era: «Quiero que me prestes atención». Estaba preocupado por muchas cosas, pero a los ojos de mi hija, solo hacía falta una cosa. En ese mismo instante ella necesitaba a su papá y eso pesaba más que mi temporal necesidad de saber quién ganó la elección.

DEJE LAS ABRUMANTES
PREOCUPACIONES DE MARTA

Es probable que Marta amara tanto a Jesús como María, pero a diferencia de María, la hermana mayor estaba *abrumada* por muchas preocupaciones. Necesitamos aprender cómo y cuándo dejar las abrumantes preocupaciones de Marta a fin de que ministremos la Divinidad a través de la adoración de María. En las palabras de A. Moody Stuart:

> Marta representa la investigadora legal, María la creyente en Jesucristo. Sin embargo, Marta representa también el

cristiano legal, trabajando en muchas cosas que le daba a Cristo un poco de honor o placer, pero ninguna convicción; y María lo establece creyendo los vivos y propios deseos del alma, *honrando a Cristo mediante el hambre cada vez más de Él y recibiéndolo como el mismísimo pan de su vida.*[18]

Notas

1. Lucas 10:42.

2. Lucas 10:40-42, NVI.

3. James Strong, *Nueva Concordancia Strong Exhaustiva*, Editorial Caribe, Inc., una división de Thomas Nelson, Inc., Nashville, TN—Miami, FL, 2002, definición griega #4049.

4. A. Moody Stuart, *The Three Marys* [Las tres Marías], The Banner of Truth Trust, Carlisle, PA, p. 169.

5. Hebreos 12:1, énfasis mío.

6. T.F. Tenney y Tommy Tenney, *Fuentes secretas de poder: Descubra las bases del poder bíblico*, Editorial Unilit, Miami, FL, 2001, capítulo 1: «Despójese del peso de la vida y de las demandas urgentes de los demás», pp. 23-24, con la siguiente cita en la página 29: «Todas las traducciones citadas son de la obra *26 Translations of the NEW TESTAMENT*, Curtis Vaughan, ed. gen. (Oklahoma City, Oklahoma: Mathis Publishers. Derechos reservados, 1967, por Zondervan Publishing House, Grand Rapids, Michigan), p. 1107.

7. Véase Proverbios 18:24.

8. Esta palabra está transliterada como *splagcnizomai*. La conclusión y el respaldo para esto se encuentra bosquejado en parte de la obra de W.E. Vine (editado por F.F. Bruce), *Vine: Diccionario Expositivo de Palabras del Antiguo y del Nuevo Testamento Exhaustivo*, Editorial Caribe, Inc., una división de Thomas Nelson, Nashville, TN—Miami, FL, pp. 171-172.

9. *Strong*, definiciones griegas #4697, 4698.

10. *VINE*, definición «A.2» de la palabra para «compasión, compasivo», en el verbo griego transliterado como *splagcnizomai*, p. 172.

11. Una posible excepción quizá sea la resurrección de Lázaro. En esta situación, parece que en el momento que a Jesús le llegó el mensaje de Marta, Él no podía haber llegado antes que Lázaro muriera debido a las distancias del viaje. Sin embargo, está claro que *sabía* con antelación que Lázaro necesitaba una resurrección, no una sanidad.

12. Lucas 7:12-15.

13. Véase Números 19:11-13.

14. American Psychiatric Association, Public Information [Información Pública de la Asociación Estadounidense de Psiquiatría], sección del sitio oficial de Internet de la APA, en el artículo titulado «Psychiatric Effects of Media Violence» [Efectos psiquiátricos de la violencia de los medios de comunicación], www.psych.org/public_info/media_violence.cfm. Consultado el 9 de abril de 2001.

15. Véase 1 Timoteo 4:1-2, DHH. [Nota de la traductora: En esa época se marcaba a los criminales y a los esclavos fugitivos con un hierro al rojo vivo. De ahí la insensibilidad debido a la cicatriz de una quemadura.]

16. Stuart, *The Three Marys*, p. 171.

17. Véase Efesios 4:30.

18. Stuart, *The Three Marys*, p. 170, énfasis mío.

Capítulo seis

Espiritualmente bipolar

¿Soy María o soy Marta?

Un interminable conflicto surge silenciosamente en su corazón en este mismo momento y, en un sentido, Dios lo está haciendo. Sin cesar, todos nosotros estamos divididos entre las dos rivalidades del alma humana representadas por María y Marta. Usted vive en una constante tensión entre dos «polos» de experiencias humanas porque María y Marta viven en su interior. No sabe si alimentar al pobre o tomar tiempo para orar.

Podría muy bien admitir la verdad y preguntar: «¿Soy María o soy Marta?» Usted no se puede ayudar separado de la divina intervención porque, en el mejor de los casos, es una casa dividida, una «personalidad bipolar» aferrada en un aparente e interminable enfrentamiento de los diferentes puntos de vista e ideas de María y Marta.

¿Qué dijo Jesús acerca de las casas divididas? «Todo reino dividido contra sí mismo, es asolado, y toda ciudad o casa dividida contra sí misma, no permanecerá».[1] Sin embargo, ¿ha notado que Dios no está muy perturbado por las casas que sufren *temporalmente* combates de contienda y división? Solo no quiere que permanezcan de esa manera.

Jesús lanzó su conquista del reino de Satanás con un grupo común y corriente de discípulos que estaban siempre discutiendo acerca de quién era el mejor, el más inteligente y el más amado a los ojos de Dios. Decidió edificar su iglesia usando creyentes *individuales* de cada tribu y nación porque podemos llegar a unirnos solamente a través del sobrenatural poder de la cruz.

Nos creó a usted y a mí con «una María y una Marta» dentro. Ahora bien, tenemos la opción de sucumbir a sus manos de modo que María y Marta se puedan unir en nosotros para hacer la casa de humanidad una habitación para la Divinidad.

Creo que estamos aprendiendo, como lo hicieron María y Marta, que nuestra casa no esta completa cuando falta una de las dos. Marta necesita a María y, créalo o no, María necesita a Marta.

Sin el servicio práctico cristiano de Marta y el trabajo ético que actúa en su personalidad, encontrará difícil de mantener un testimonio piadoso entre las otras personas. Por alguna razón, las personas esperan que los cristianos actúen de manera desinteresada para ayudar a otros. Muchos en la iglesia preferirían reunirse en el río de Dios para el compañerismo y las canciones evangélicas que reunirse debajo del puente de los desamparados para distribuir servicios por igual de alimentos, ropas y amor incondicional a los «difíciles de amar e intocables» de la sociedad.

Al mismo tiempo, la Marta en nosotros debe comprender que sin la resuelta devoción de María a Jesús, todos los servicios que desarrollemos para las personas «debajo del puente» serán poco menos que una olvidada tirita en corazones eternamente heridos. Nuestras buenas obras y acciones de bondad abrirán los corazones humanos, pero no pueden salvarlos. Podemos llenar de afecto los corazones humanos mediante actos de caridad, pero solo Jesús puede limpiarlos del pecado y darles vida eterna en la presencia de Dios.

TRABAJE COMO MARTA, ADORE COMO MARÍA

Dios desea que le honremos *y* que bendigamos a los hombres en el nombre de Cristo. La única manera de hacer ambas cosas es trabajando como Marta y adorando como María. El verdadero problema radica en cómo hacerlas trabajar y adorar *juntas*.

¿Sabía que incluso Jesucristo y el apóstol Pablo experimentaron estas luchas entre «la María y la Marta» del corazón? Considere a Jesús en el huerto de Getsemaní, luchando de aquí para allá entre «la voluntad de vivir de Marta» y «la voluntad de morir de María». No una sola vez, sino dos veces luchó con los puntos de vista de María y Marta en agonizante oración:

Primero, oró:

Padre mío, si es posible, pase de mí esta copa; pero no sea como yo quiero, sino como tú.[2]

La segunda vez, el único peticionario humano del mundo sin pecados oró:

Padre mío, si no puede pasar de mí esta copa sin que yo la beba, hágase tu voluntad.[3]

El apóstol Pablo no fue perfecto, pero Dios lo escogió para escribir una gran parte de los pasajes del Nuevo Testamento. Este extraordinario líder de la iglesia y buscador de Dios describió su feroz lucha interna de esta manera:

Porque de ambas cosas estoy puesto en estrecho, teniendo deseo de partir y estar con Cristo, lo cual es muchísimo mejor; pero quedar en la carne es más necesario por causa de vosotros. Y confiado en esto, sé que quedaré, que aún permaneceré con todos vosotros, para vuestro provecho y gozo de la fe.[4]

Si reformulamos las declaraciones de Pablo en los «términos de María y Marta», podrían parecer como esto: «La María en mí desea más bien partir para estar con Cristo, lo cual es muchísimo mejor. Sin embargo, Dios habló a través de la Marta en mí y me aseguró que yo era más necesario aquí en el campo terrenal para ayudarlos a progresar en gozo y fe».

Dios deseaba que la «Marta» en Pablo lo ayudara a tomar el mensaje de «María» en su corazón para la lucha de la joven iglesia contra el enfrentamiento de una nueva oleada de persecución y dificultad.

DEBE SER «ESPIRITUALMENTE VIDENTE»
PARA GUIAR A LOS CIEGOS ESPIRITUALES

Le resulta difícil llevarse a otra persona hasta lo «más alto» del campo de Dios cuando apenas conoce su dirección. Debe ser espiritualmente «vidente» para conducir a los ciegos espirituales a la luz de la presencia del Señor.

El error de Marta fue acusar a Jesús de que «no le daba cuidado» de que María hubiera abandonado la cocina para adorar a sus pies.[5] Su virtud fue que al parecer aprendió de su error. Es evidente que Marta comenzó a apreciar la sensibilidad de María hacia Jesús y la senda que esto creó al corazón de Él. Quizá sea ese el porqué «dispuso» que María pensara que Jesús la llamaba después de la muerte de Lázaro.[6]

Me pregunto si Marta esperaba que la llorosa adoración de María lograría lo que su firme enfrentamiento no pudo hacer: producir la obra milagrosa de Jesús en su dolorosa crisis. Es probable que la práctica Marta le prestara un poco más de atención a las perspectivas de María después del primer desastre en Betania. Nunca más faltaría a una cita divina con el Maestro.

La Marta en sus necesidades golpea ligeramente la sensibilidad espiritual de María, al igual que Bartimeo «prestó» sus ojos y percepciones a otros para compensar su ceguera de nacimiento. Como destaqué en *Los captores de Dios*:

> Muchas veces, en el momento de nuestra hambre, ¡no sabemos de qué manera clamar, qué decir, qué orar ni qué cantar! El ciego Bartimeo no vio a Jesús hasta *después* de recibir un milagro. Para esto tuvo que aceptar el aviso de alguien de que la causa del disturbio era Jesús y que estaba cerca.
>
> Hay muchas veces en su vida cuando sus «sentidos» espirituales parecen sordos o ciegos, y no es capaz de sentir la cercanía de Dios. En tiempos de sensorial carencia espiritual, debe andar por fe y permanecer en su Palabra. Quizá tenga que aceptar que otra persona le avise que Jesús está en

la casa. Si se trata de un líder de adoración, un cónyuge o un predicador, preste mucha atención cuando la persona dice: «Él está cerca».

En ese momento, tienda la mano a Él con toda la pasión y el hambre en su corazón: «ande detrás de Él y encuéntrelo, aunque no está lejos de cada uno de nosotros».[7,8]

En la historia bíblica, el ciego Bartimeo buscó la ayuda de los observadores del desfile de «videntes» para iniciar un encuentro divino con Jesús y recibir la vista. La animosa y a veces «espiritualmente retada» Marta dentro de nosotros necesita la visión y la percepción de la espiritualmente «vidente» María en nuestro corazón. La búsqueda combinada de la Divinidad es quizá la única manera de dar fin a la lucha interna en nosotros.

A veces su alma necesita cultivar el silencio y escuchar el amable susurro del espíritu. La adoradora canción del corazón puede ayudarle a encontrar el camino a través del laberinto del frío razonamiento y del calor desenfrenado de las emociones.

La comparación de A. Moody Stuart de las bíblicas María y Marta también quizá aclare la naturaleza de la «batalla entre hermanas» que a veces continúa dentro de cada uno de nosotros:

Marta comienza a trabajar afanada; y cuando la amonestan, termina en un leal aunque casero servicio. María comienza escuchando en silencio, y termina con un noble, extraordinario y permanente trabajo para siempre. Es más fácil trabajar que escuchar porque el trabajo puede desearse por su propio bien. El trabajo es un fin en sí mismo. Incluso si se hizo muy poco bien verdadero; sin embargo, hay trabajo; y el alma, ocupada con esto, descansa en él. Aunque Dios no acepta ningún título del trabajo, el trabajador se agrada de sí mismo, y descubre una traidora paz. No obstante, el fruto de escuchar es menos proclive al error.[9]

DIOS TIENE CLARAS PREFERENCIAS
POR LAS COSAS QUE HACEMOS POR ÉL

Dios nos ama a todos sin parcialidad o, como lo llama la Reina Valera 1960, sin «acepción de personas».[10] Sin embargo, es obvio que tiene claras preferencias por *las cosas que hacemos por Él.*

Según el libro de Génesis, Dios prefirió la sangre del sacrificio de Abel a las ofrendas incruentas del trabajo de Caín.[11] Por otra parte, no cabe duda que prefirió la alabanza y la adoración sin sangre de David a la inmensidad de sacrificios de sangre ofrecido por sacerdotes sin pasión en el nombre de la tradición religiosa.[12]

En cada caso, los motivos y las pasiones del corazón del oferente importan más que la naturaleza externa de las ofrendas dadas a Dios.[13] En nuestra constante batalla entre la voluntad y el trabajo de Marta y el apasionado quebrantamiento de María, la preferencia de Dios es clara. No le interesan nuestras fuerzas, sino que se siente irresistiblemente atraído por las debilidades y la «sequedad» que reflejamos. También Stuart dijo:

> Marta trabaja al principio y murmura pues su hermana se sienta y no trabaja. Para ella, sentarse y escuchar a esas horas no era más que pereza y ociosidad; fuera del momento con una hermana, porque al mismo tiempo Cristo necesita el servicio corporal; en el momento con la otra, porque se trata del precioso tiempo del Señor para ministrar el alma. *Sin embargo, ahora es el turno de María,* y ella logra una famosa hazaña a través de toda la tierra, y preserva su nombre por todas las edades; un trabajo más gratificante para el corazón de Jesús que ningún otro que le diera ánimos en sus penas, desde su nacimiento en Belén hasta la muerte en el Calvario; un trabajo más valioso que cualquier otro para Él, y el que más exalta su nombre; un trabajo que priorizó tanto que lo selló con el anuncio, completamente singular, de

que donde se predicara el evangelio en todo el mundo, se diría también esto en recuerdo de María.[14]

SU PRESENCIA VIENE AL ROMPER EL PAN
Y LEVANTAR AL MUERTO

Cuando la pasión vuelve a la iglesia, la Presencia avanza por el pasillo. Cuando la pasión de María domina el corazón de Marta o vence el cinismo y la crítica de los desapasionados, su Presencia viene a romper el pan y levantar al muerto.

María se da prisa en decir: «Sacrificaré mi dignidad para tener un encuentro con la Deidad», pero Marta debe aprender que cuando su manifiesta presencia está en la casa, debe decir: «Sacrificaré el mejor trabajo que mis manos hayan hecho por la humanidad, a cambio de un momento de servicio a través de la adoración en la presencia de la Deidad».

La pasión por la Deidad hace que la complacencia «salte a la vista», además, destaca el segundo mejor aspecto del servicio a la humanidad cuando la Deidad se «manifiesta en la casa». La inquebrantable pasión de María a menudo hace que los «discípulos del corazón de Marta» estén molestos e incluso resentidos. La pasión produce que todo lo demás incomode hasta que Jesús lo apoya.

En realidad, el servicio ungido de Marta a la humanidad debe preparar, apoyar y hacer posible el servicio ungido de María a la Deidad (como en el servicio de Marta al final de la cena en casa de Simón).

EL DISEÑO DIVINO PARA LAS PRIORIDADES
DE LA VIDA

El asunto no es si debe o no tener en cuenta la Marta en su corazón y servir las necesidades humanas en la iglesia (o en la calle), o seguir la dirección de María y servir los deseos de la Deidad. *Debe hacer ambas cosas.* La cuestión tiene que ver con las prioridades y las pasiones del corazón. Jesús nos dio el diseño divino para las prioridades de la vida cuando dijo:

«Amarás al Señor tu Dios con todo tu corazón, y con toda tu alma, y con todas tus fuerzas, y con toda tu mente; y a tu prójimo como a ti mismo». [15]

¡Vamos, María! ¡Vamos, Marta! ¡Vamos, Bartimeo! Recuérdennos que la presencia de Dios en nuestro corazón y vida es más importante que cualquier otra cosa.

«La probada solución para la Marta en usted es simple: extienda su debilidad a Él antes que a su fuerza».

¿Ha notado alguna vez que las crisis y los problemas parecen manifestar la Marta en la mayoría de las personas? (Solo unos pocos afortunados parece que se postran de rodillas en tiempos de tribulación como María.) Si su «lado de Marta» toma el asiento del conductor en una situación dada, es probable que se convierta en un «orientado a la acción». Se siente impulsado a «hacer algo» en cuanto al problema y la oración y la adoración se excluyen con frecuencia del plan de acción porque, para Marta, tienen el sentir y la apariencia de «inactividad».

Marta es un buen aliado en cualquier situación donde el trabajo difícil y la diligencia en el servicio a la humanidad logran resolver el problema. Sin embargo, esas cosas pueden provocar desastres si el problema requiere la mano o la mente de la Divinidad antes que de la humanidad.

La «Marta» en usted le agotará por instinto sus «fuerzas» en cualquier problema o situación retadora, si esas fuerzas involucran coeficiente de inteligencia, resistencia física, fuerza de voluntad, talento analítico, técnicas de persuasión o cualesquiera otras destrezas o habilidades naturales.

El problema es que a Dios no le atraen sus fuerzas. *A Él le atraen sus debilidades.* A la «reprendida Marta» que se dirige al Señor con un aparente o agresivo punto de vista la censurarán y le dirán que asuma la postura de María sobre sus rodillas.

La probada solución para la Marta en usted es simple: extienda su *debilidad* a Él antes que su fuerza. Eso fue lo que hizo el hombre con la mano seca el día que Jesús llegó a la iglesia local a predicar.

> *Jesús [...] le dijo al hombre de la mano paralizada:*
> *—Levántate y ponte frente a todos.*
> *Así que el hombre se puso de pie. Entonces Jesús dijo a los otros:*
> *—Voy a hacerles una pregunta: ¿Qué está permitido hacer en sábado: hacer el bien o el mal, salvar una vida o destruirla?*
> *Jesús se quedó mirando a todos los que lo rodeaban, y le dijo al hombre:*
> *—Extiende la mano.*
> *Así lo hizo, y la mano le quedó restablecida.*[16]

Cuando Jesús le pidió al hombre que extendiera su mano, *no le dijo qué mano extender.* Tenía una mano seca y tenía una mano sana. Jesús no le dijo cuál mano usar; solo dijo: «Extiende la mano». El hombre tuvo que decidir: «¿Le revelo mi fuerza o revelo mi debilidad y mi sequedad delante de todas esas personas?»

Cuando vamos a la iglesia o nos reunimos con nuestros amigos, tratamos de fingir que todo está bien (pero en realidad no es así). Al final, extendemos nuestra «mano sana» para disfrazar y ocultar nuestra debilidad de humanidad... y nos perdemos nuestro momento con la Divinidad. Esto pasa cada vez que le suplicamos desde nuestra fuerza en lugar de nuestra debilidad.

«Extendemos nuestra «mano sana» para disfrazar y ocultar nuestra debilidad de humanidad... y nos perdemos nuestro momento con la Divinidad».

Algo en los ojos de Jesús le dijo al hombre físicamente cambiado: «Está bien sacar tu mano seca del lugar oculto en el bolsillo o de los pliegues de tu vestimenta». Si ese hombre hubiera extendido su mano sana, creo que se hubiera ido a casa con

«La visión de la vida observada desde los pies de la Deidad difiere en gran medida del desviado punto de vista que Marta ve desde la mesa de sus labores».

su mano seca como cientos de veces antes. En su lugar, se atrevió a extender su mano seca y públicamente reveló su debilidad. Jesús lo envió a casa con dos manos sanas y el testimonio para toda la vida. (¿Qué se atreverá usted a extender hacia Él?)

Cuando su «lado de Marta» parece que está dominando su vida y apagando la pasión de su corazón de María, no le importe poner su fuerza al descubierto. Muévase a un lugar de la presencia de Dios y revélele su debilidad y sequedad. Él se encontrará con usted en el mismo lugar en el que decidió sacrificar su dignidad, y sus obras, por un momento con la Deidad.

Restaure el corazón dependiente de Dios de María de la tendencia de la dependencia propia de Marta. Solo saque sus quebrantamientos y sequedades de los pliegues de su vestimenta y diga: «No, *no está bien*. ¡Necesito desesperadamente a Dios! Estoy tan impaciente por un encuentro con Él que mostraré mi debilidad ante todo el mundo si fuera necesario. Debo verlo».

Este es su momento de revelarle sus debilidades y recibir su fuerza. La *mejor* cosa que podría alguna vez pasarle es que su «Marta» se una con su «María» a los pies del Maestro.

La visión de la vida observada desde los pies de la Deidad difiere en gran medida del desviado punto de vista que Marta ve desde la mesa de sus labores.

A veces buscamos dentro de nosotros el balance piadoso entre María y Marta mediante el cambio de nuestra perspectiva o punto de vista de las cosas. En primer lugar, nos centramos en cada expresión y palabra del Maestro; en segundo lugar, examinamos cada expresión y exasperación de la humanidad.

Si está indeciso entre dos conflictivas maneras de resolver un problema, instruya a su María para que considere el punto de vista de Marta y asegúrese de que Marta reexamine la situación desde la posición de María a los pies del Maestro. *El lugar de paz está en alguna parte entre las dos.*

Dios está buscando la María en usted, la apasionada adoradora que lo alabará en espíritu y en verdad. Sin embargo, también considera su *deber* para «ofrecer su cuerpo en sacrificio vivo» a Él (un deber que la Marta en usted contestaría rápidamente con un apasionado : «¡Sí, Señor!»).[17]

Las personas cuyas vidas ya no le pertenecen no ponen obstáculos a la idea de hacer un trabajo difícil en el nombre de Cristo.[18] Los hombres muertos que viven para Cristo no tienen el ego que obstruye su decisión de servir a la cabecera de los pacientes moribundos por el SIDA ni limitan el cariño a esos que permanecen en *delírium trémens* debido al alcoholismo crónico o a los años de adicción a la heroína intravenosa.

> «*Ofrézcase como un vehículo para transportar la Divinidad en el mundo de perdidos, heridos, y en busca de la humanidad*».

Las personas espiritualmente muertas que han recibido una nueva vida en Cristo solo hacen todo como un servicio a Él, como una composición de adoración organizada e interpretada por Dios a través de sus vidas.

Jesucristo nunca nos pidió que desecháramos nuestros cuerpos ni rechazáramos el servicio de Marta por no tener valor. Simplemente nos pidió que mantuviéramos nuestras prioridades en la debida dirección. ¿Cómo? Solo haga lo que Él dice. Niéguese cada día, tome su cruz y sígalo, ofrézcase como un vehículo para transportar la Divinidad en el mundo de perdidos, heridos, y en busca de la humanidad.[19] Es allí, donde la Divinidad se encuentra con la humanidad en el lugar de la hospitalidad, que encuentra su verdadero yo.

El punto de balance entre las conflictivas prioridades saturan las enseñanzas del Maestro: «Busquen primeramente el reino de Dios y su justicia, y todas estas cosas les serán añadidas».[20]

(Búsquelo a Él y su rostro, y le dará con gozo lo que tiene en su mano.) Además, dijo:

> *Pero tengo contra ti, que has dejado tu primer amor.*
> *Recuerda, por tanto, de dónde has caído, y arrepiéntete, y*
> *haz las primeras obras.*[21]

Vuelva a su *primer* amor y haga las *primeras* obras… aparte sus amores menores y ame a su Primer Amor con todo su corazón, mente y fuerza como María. Y tome una lección de Marta: hacer que cada esfuerzo sea para «amar a su prójimo como a usted mismo».

María y Marta, este es el momento de unirse y crear un lugar de hospitalidad donde se reúnan la Divinidad y la humanidad.

Notas

1. Mateo 12:25.

2. Mateo 26:39b.

3. Mateo 26:42b.

4. Filipenses 1:23-25.

5. Véase Lucas 10:40.

6. Véase Juan 11:28. Este pasaje parece implicar que Marta «amplió» el mensaje de «el Maestro está aquí» para incluir lo que nunca está explícitamente definido en la narración: que Él había «llamado» a María.

7. Lucas 6:6-11.

8. Tommy Tenney, *Los captores de dios*, Caribe-Betania Editores, Nashville, TN—Miami, FL, 2001, pp. 70-71 (del original en inglés).

9. A. Moody Stuart, *The Three Marys* [Las Tres Marías], The Banner of Truth Trust, 1984, Carlisle, PA, pp. 187-188.

10. Véanse Romanos 2:11; Efesios 6:9; 1 Pedro 1:17.

11. Véanse Génesis 4:3-7; Hebreos 11:4.

12. Dios dijo en el Salmo 50: «*Si yo tuviera hambre, no te lo diría, pues mío es el mundo, y todo lo que contiene. ¿Acaso me alimento con carne de toros, o con sangre de machos cabríos? ¡Ofrece a Dios tu gratitud, cumple tus promesas al Altísimo! Invócame en el día de la angustia; yo te libraré y tú me honrarás*» (Salmo 50:12-15, NVI). En el Salmo 51, David dijo: «*Tú no te deleitas en los sacrificios ni te complacen los holocaustos; de lo contrario, te los ofrecería. El sacrificio que te agrada es un espíritu quebrantado; tú, oh Dios, no desprecias al corazón quebrantado y arrepentido*» (Salmo 51:16-17, NVI).

13. Por *pasión*, me refiero a lo que llamo un «ardiente afecto o amor por Dios y devoción a Él y a sus propósitos». Este es el corazón y el alma de un verdadero buscador de Dios, así como la característica distintiva de un genuino receptor de Dios.

14. Stuart, *The Three Marys*, pp. 196, énfasis mío.

15. Lucas 10:27.

16. Lucas 6:8-10, NVI.

17. Véase Romanos 12:1.

18. Véanse 1 Corintios 6:20; Lucas 14:26.

19. Véanse de nuevo Lucas 9:23 y Romanos 12:1.

20. Mateo 6:33, NVI.

21. Apocalipsis 2:4-5.

Capítulo siete

¡Sus zapatos no me quedan bien!

Etapas fuera de la zona de comodidad

En ocho breves palabras, un amigo mío describió una de las más importantes claves para resolver el conflicto entre las Marías y las Martas en la iglesia moderna. Habló después que él y varios amigos del ministerio discutieron el tema conmigo por algún tiempo. Nos lanzó con prontitud en una nueva ronda de entusiasmadas perspectivas personales.

«Creo que me lo imagino», dijo. «Soy una Marta teniendo una experiencia de María». ¿Eso lo hace un esquizofrénico espiritual? Puedo andar en sus zapatos, pero eso no los hace cómodos. Los zapatos de Marta no le quedan bien a María. Tampoco los zapatos de Marta le quedarán bien a María. Dios lo hizo a usted para acomodarlo «en su propia piel».

Otro amigo que se enfrascó en la discusión describió un encuentro que tuvieron él y su esposa y que cambió sus vidas para siempre. Él es un respetado médico en nuestra región de Luisiana, y narró lo que les ocurrió mientras él y su esposa visitaban una gran ciudad.

En el momento que la pareja salía por la puerta principal de un restaurante muy agradable, se encontraron cara a cara con una mujer desamparada que estaba en obvia necesidad. De alguna manera mi amigo sintió que este encuentro casual fue en realidad una cita divina pese al cúmulo de emociones y precauciones que inundaron sus pensamientos.

La pareja decidió correr el riesgo y sugirieron llevarla adentro del restaurante y comprarle una comida caliente.[1] Esos amigos son verdaderos buscadores de Dios, y este hombre se convirtió en médico porque se preocupaba por las personas. Sin embargo, cada vez que narra esta historia, un torrente de lágrimas acentúa sus palabras.

Con la decisión hecha y la oferta aceptada, mis amigos acompañaron a la mujer al restaurante para asegurarse de que recibiría el alimento que necesitaba y que la trataban como era debido. Pronto notaron que estaba acumulando un montón de alimento adicional en su plato, más de lo que la mayoría de nosotros comería de una sentada. La mujer debe haber sentido su preocupación porque explicó que la comida adicional era para los hambrientos niños que esperaban por ella.

DOS MARÍAS DE LUISIANA TIENEN UNA INOLVIDABLE EXPERIENCIA DE MARTA

Mi amigo doctor y su esposa son personas muy compasivas, pero sus vidas cambiaron esa noche. Tuvieron un encuentro divino, no con un Dios hambriento, sino con una mujer hambrienta, y esto se convirtió en una espiritual epifanía para ellos. Se dieron cuenta que eran Marías que tuvieron que volverse tan espiritualmente dispuestos, que Dios quiso traer el equilibrio a sus vidas. Condujo a esas dos «Marías de Luisiana» a una experiencia de Marta que nunca olvidarían.

Nos guste o no, *Dios nos guía a todos a etapas al otro lado* de nuestras zonas naturales de comodidad. Si nos rendimos en sus manos, incluso la incomodidad de ajuste espiritual puede traer una epifanía de su presencia a nuestros corazones que cambia la vida.

No importa si usted es una Marta que tiene una experiencia de María o si es una María que a duras penas tiene una experiencia de Marta, Dios desea construir una zona de comodidad para Él en su vida y en la iglesia. Esto significa que desea tener a María y Marta, ambas partes de un todo, en función en su vida.

He notado que las Marías parecen tener los problemas más grandes con esas etapas al otro lado. Es probable que un gran porcentaje de «buscadores de Dios» se consideren Marías, y quizá se digan: *Perfecto, puedo ver a Dios halando una Marta a las cosas del espíritu, ¿pero en verdad sacaría a una María hacia una esfera natural como servir al pobre?*

Creo que la línea que limita los ministerios de María y Marta es la diferencia entre la *pasión* y la *compasión*. En mi opinión, la pasión define nuestro amor vertical por Dios y la compasión define nuestro amor horizontal por la humanidad.

La cruz de Cristo representa el plan perfecto de Dios para los que le buscan a Él mientras sirven al hombre. El madero vertical de la cruz del Calvario es el puente de la brecha entre Dios en el cielo y los hombres caídos en la tierra en perfecta obediencia y adoración al Padre. Los brazos extendidos del Señor en el madero transversal de sacrificio personal revelan manifiestamente la compasión del Hijo del Hombre y la invitación abierta para el hombre caído.

NECESITAMOS AMBOS COMPONENTES DE LA CRUZ DEL CALVARIO

El ministerio vertical de María va directamente al corazón de Dios y el ministerio de Marta viene del corazón de Dios al corazón del hombre. Necesitamos que *ambos* componentes de la cruz del Calvario actúen en nuestros corazones e iglesias.

En términos prácticos, no debe sorprendernos cuando sentimos que nos «halan» en dos direcciones diferentes de acuerdo a las etapas de nuestra vida. Dios nos ama demasiado para dejarnos en un estancamiento espiritual. Planea sin cesar encuentros divinos con nosotros para mantener nueva y viva nuestra relación con Él. Como escribí en *Los captores de Dios*, casi puedo escuchar al Señor decirles a sus asombrados ángeles: «No, nada es más importante para mí que preparar con antelación encuentros con mis hijos».[2]

En una época, quizá sienta un amable tirón del Espíritu hacia la fuente de pasión espiritual por la presencia de Dios. Al año siguiente, tal vez se sienta atraído a entrar en las aguas de la compasión de Dios por las personas que murió Jesús. La mayoría de las veces, la «tracción» que siente es la persistente voluntad de Dios fluyendo alrededor de la resistencia de su voluntad. En su gran amor quizá le ocasione «tropiezos» a través de imprevistos en su viaje al otro lado y despierte otra vez una nueva pasión espiritual en su vida.

Si es una Marta teniendo una experiencia de María, quizá entre en una etapa cuando todo lo que desea hacer es precisamente orar y adorar. No se sienta culpable de su breve ausencia de los trabajos de compasivo servicio que tanto disfruta. Es Dios el que lo hace y está bien.

Solo disfrute una santa luna de miel con Él. Dedíquese a la totalmente abandonada búsqueda de Dios. En el momento que menos lo espera quizá escuche la quieta y suave voz de Dios susurrar: «Prepárate. Antes de que sepas lo que significa tener el cabello atrapado en el fuego de la sobrecargada atmósfera del aposento alto de adoración, escucharás un amable toque en la puerta».

Tal vez Dios le envió las viudas griegas de la época de Esteban que necesitaban sus habilidades de servicio a las mesas o a una pequeña mujer desamparada que le hacía falta una comida caliente en una ciudad moderna.

Si usted es una María, debe pasar también ciertas temporadas al otro lado de su preferencia personal. Anímese; es por su propio bien. Dios aprecia cada buen don y ofrenda de alabanza y adoración que le dé, pero está determinado a equiparlo y conformarlo a la imagen equilibrada de Jesús.[3]

LAS ETAPAS DEL OTRO LADO LO EJERCITARÁN

Las inversiones de las etapas en el otro lado es la única manera que ejercitarán lo suficiente su corazón y alma para cumplir los propósitos divinos de Dios en las dimensiones vertical y horizontal de su amor. Se parece a lo que leí en un lugar: *«En esto conocemos lo que es el amor: en que Jesucristo entregó su vida por nosotros. Así también nosotros debemos entregar la vida por nuestros hermanos».*[4] A veces entregamos la vida sirviendo con las manos; otras veces ofrecemos el sacrificio postrados de rodillas y un torrente de apasionadas lágrimas intercesoras. Dios espera que se prepare para ambas.

Considere a Judas, el discípulo que traicionó a Jesús después de pasar tres años en contacto directo con el Hijo de Dios. ¿Qué tan malo fue este hombre que cambiaría su relación personal con la amorosa Divinidad por un puñado de «tesoro» de la celosa humanidad que se sitúa un paso debajo del material que pavimenta el camino al cielo? Quizá el problema fue que *Judas era una Marta que nunca tuvo una verdadera experiencia de María.*

Como tesorero de los doce, Judas llevó a que los demás creyeran que sabía cómo administrar los recursos terrenales cuando en realidad era un ladrón.[5] Es evidente que incluso sabía menos acerca de las inversiones de las riquezas que Dios en verdad atesora: el incondicional amor del corazón humano.

¿QUÉ PASA CUANDO LA PRESENCIA DE DIOS SE DERRAMA EN SU VIDA?

Esteban comenzó en el ministerio de Marta como un ungido servidor de las mesas conocido por su fe en Dios. Se trasladó a un ministerio de María cuando su relación con la Divinidad llegó a estar tan fuerte que la presencia de Dios comenzó a derramarse en su vida de una forma que obraba milagros de fe y poder. Esteban fue un Marta que tuvo tal experiencia de María que cambia vidas que su celo ardiente le ayudó a pasar a la historia como el primer mártir por Cristo.[6]

El pescador Pedro fue un tipo de hombre de «¡Vamos a hacer algo y hagámoslo *ahora*!» Cuando empleaba un argumento, se convertía en una repetición.

Este impetuoso pescador creía en poner su espada donde estaba su corazón, y no vemos evidencias bíblicas de que fuera un gran hombre de oración o meditación en los años que viajó con Jesús. Por ejemplo, todos los discípulos dormían mientras

Jesús oraba solo en el huerto de Getsemaní, pero el Señor escogió a Pedro para reprenderlo (quizá porque era el líder natural de los doce).[7]

Cuando Judas guió a los representantes del sumo sacerdote y a un contingente de soldados al huerto para arrestar a Jesús, fue Pedro el que sacó su espada y le cortó la oreja derecha de Malco, el siervo del sumo sacerdote. Jesús intervino para detener la violencia y sanar la oreja del hombre. Entonces le advirtió a Pedro que esos que viven por la espada por la espada morirían.[8] Me admira de cómo Dios tiene que desarmar a sus discípulos antes que Él pueda sanar al herido.

Por naturaleza, Pedro era intrépido, impetuoso y nacido para la batalla. Era el líder, incluso si iba en una dirección equivocada, aunque parecía tener una permanente adicción a la aprobación de los hombres que lo plagó a través del principio de su ministerio. Se jactó de que moriría con Jesús antes que negarlo, y el resto de los discípulos se le unieron en el juramento. Más tarde Pedro negó tres veces al Señor por vergüenza y temor cuando una criada lo acusó de ser amigo de Jesús.[9]

Las cosas cambiaron después que tuvo una radical experiencia de *María* en el aposento alto y recibió la plenitud del Espíritu Santo. Intervino en esa reunión de oración y predicó con tal intrepidez que tres mil personas respondieron a su llamado al altar en las calles de Jerusalén a plena luz del día.[10]

LOS MILAGROS OCURRÍAN
CADA VEZ QUE ORABA

Cada vez que la Biblia menciona que Pedro oraba, notamos que al momento ocurrían cosas milagrosas. Después que Pedro fue a orar en una azotea, recibió la visión celestial de Dios que le revelaba que los humildes gentiles estaban incluidos en su plan de salvación.[11] Por otra parte, las cosas se pusieron muy serias cuando el apóstol abandonó su lugar de oración para socializar con sus encumbrados amigos de los fariseos judíos. Parece que convenientemente olvidó la visión celestial a fin de disfrutar la bendición y aprobación de los hombres. La reprensión pública de Pablo por racismo y favoritismo religioso puso de nuevo en el camino a Pedro.[12]

Pedro era un líder orientado a la acción más que un firme «apacentador de ovejas» nato. Cuando Jesús restauró el equilibrio de su vida después de la resurrección, le dijo tres veces y de manera específica que pastoreara y apacentara sus ovejas.[13] Sabemos que Pedro cruzó con éxito al «otro lado» de su naturaleza porque se convirtió en un verdadero apacentador de ovejas. Los cristianos todavía se «apacientan» en la riqueza espiritual contenida en las característicamente breves cartas apostólicas de Pedro a los santos.[14]

A DIOS LE INTERESA EL FINAL DE LA CARRERA HASTA EL PUNTO DE LLEGADA

Es la «humanidad» de Pedro lo que nos anima más. Me gustaría saber cuántas personas se han dicho en tiempos de dificultad: *Si Pedro lo hizo, yo puedo hacerlo también.* Los defectos de Pedro deben haber inspirado cientos de miles de sermones por todos los siglos, pero la misericordia de Dios en su vida ha inspirado a millones de creyentes a volver e intentarlo de nuevo. Dios no se centró tanto en el escabroso comienzo de Pedro ni en las frecuentes caídas, como en su carrera final hasta el punto de llegada.

El mismo hombre que negó a Jesús cuando lo acusó una criada, voluntariamente entregó su vida por Cristo al final de su ministerio. De acuerdo con la tradición de la iglesia, Pedro pidió que lo ejecutaran crucificado cabeza abajo porque no se consideraba digno de morir en la cruz de la misma manera que su Salvador.

Fue una serie de experiencias de María «en el otro lado» lo que transformó a Pedro de un cortador de orejas y traidor, a un hombre que diría, en esencia: «Terminé con el cercenamiento y acuchillamiento de mis primeros años. Conozco al Único que me ama. Ahora, permitiré que usted me corte a *mí*, si tiene que hacerlo».

Considere experimentar la transición y muévase de una época a la siguiente en su vida. *No se sienta tan ofendido cuando los propósitos de Dios exigen que vaya de un lado a otro entre la cocina de Marta y la posición de María.*

TOME A MARÍA Y MARTA
PARA CONSTRUIR LA CASA

Dios lo lleva a la cocina de Marta cuando su obra debe hacerse en el *campo terrenal* con manos dispuestas y corazón compasivo. Lo mueve a la posición de María cuando necesita que se haga algo en el *campo celestial* con un corazón apasionado y manos levantadas en alabanza y adoración. Se ha dicho: «Hace falta un pueblo para criar un niño». Creo que hace falta una María *y* una Marta para construir una casa cómoda para nuestro Salvador de doble naturaleza y el pueblo que Él ama.

En un sentido, para Él es lo mismo si usted es una María que tiene una experiencia de Marta o una Marta que tiene una experiencia de María. Jesús fijó la norma, pero María y Marta ayudaron a definirla para nosotros. Lo hará bien siempre que su *corazón* permanezca en *la posición de María* y su *cuerpo de siervo* permanezca en *la posición de Marta*. Esta es una imagen del corazón de un adorador y la actitud de un siervo conectados en unidad.

El verdadero avivamiento no es solo cuando Dios se manifiesta. Tampoco es un verdadero avivamiento cuando aparecen las muchedumbres de la humanidad. El verdadero avivamiento es cuando Dios y el hombre se manifiestan en el mismo tiempo y en el mismo lugar.

A fin de que pase, usted debe tener credibilidad en ambos campos: necesita la habilidad de María para clamar por Dios y verle venir, unido con la convincente reputación de Marta por el cuidado de la humanidad herida. Esos dos ingredientes catalíticos brindan el sinergismo para el verdadero avivamiento en su casa.

Cuando María y Marta puedan vivir en paz en la misma casa, *¡usted puede clamar por Jesús y Él levantará sus hermanos muertos!*

Saulo comenzó su peregrinaje espiritual como una devota Marta que hace malas obras en el nombre de Dios. A través de la historia de la iglesia, desencaminados y celosos religiosos creyeron que estaban haciendo la obra de Dios mediante la matanza de personas que no pensaban o adoraban de la manera que creían que debía hacerse. Saulo pensó que actuaba bien, y es por eso que Dios honró sus motivos cuando lo confrontó con firmeza a sus acciones malvadas. Solo hizo falta treinta segundos de un encuentro de María con el Cristo resucitado para transformar la desencaminada Marta de Saulo a la María de Pablo.

Nuestro mayor reto es aprender a cómo movernos suavemente entre las dos. ¿Alguna vez ha transitado por etapas en su vida cuando ha tendido a inclinarse más hacia la vida de adoración de María o más hacia la vida de servicio de Marta?

Las etapas llegaron a mi vida cuando supe que Dios estaba en el proceso de producir algo en mi espíritu. Aunque tengo una preferencia natural por la administración, descubrí que no quería que me molestaran o distrajeran con los interminables detalles de la oficina del ministerio, ni de los pormenores prácticos del mismo, ni de la vida en el hogar. En otras ocasiones, Dios me guiaba más allá de mi lugar de oración y posiciones de adoración a un compasivo servicio y ministerio a las necesidades de otras personas.

PARTICIPE EN PEQUEÑOS VIAJES AL OTRO LADO

Cada tres meses o algo así, muchos de nosotros parece que experimentamos pequeños viajes al otro lado de la vida cuando sentimos más pasión por un lado que por el otro. También he notado que Dios parece guiarnos a largas etapas que quizá duren de cinco a siete ciclos de años. Creo que nos envía esos viajes al otro lado para cumplir un enorme trabajo en nosotros que está relacionado con propósitos específicos en el reino o en nuestra vida personal.

Si usted es una Marta experimentando un nuevo y ardiente deseo de ser María, «decídase por ello» con todo su corazón. Si es una María sintiendo una inclinación fuera de lo común hacia el compasivo servicio de Marta, sirva y ministre a las personas como si estuviera sirviendo a Dios.[15] No se sorprenda si Dios añade algún perdurable equilibrio a su vida a lo largo del camino.

Jesús le llamó a este proceso «negarse a uno mismo y tomar nuestra cruz cada día».[16] Pablo lo llamó «ser hechos a la imagen de Cristo».[17] Ambas cosas son lo mismo: Dios está decidido a equilibrarnos de manera horizontal y vertical para igualar las dimensiones semejantes a Cristo de la cruz del discipulado.

SU PODER ACTÚA MEJOR EN SU DEBILIDAD

Independientemente de dónde comencemos el proceso, como una María o como una Marta, nos movemos en nuevas etapas cuando estamos expuestos al hambre de Dios y comienza la adoración.

Es en medio de nuestras debilidades que el Dios que mora en nosotros se revela más o «se fortalece» en nuestra vida. Leí en otra parte que Dios le dijo a Pablo: «Te basta con mi gracia, pues mi poder se perfecciona en la debilidad».[18]

Marta se inclina más a la fortaleza y la provisión de Dios cuando se encuentra en el lugar de oración, alabanza, adoración y servicio espiritual. Su incomodidad e insuficiencia la conducen a acercarse más a la Roca de su vida.

Incluso María busca el rostro de Dios con más fervor cuando se mueve más allá de la comodidad que la rodea en el cuarto de oración. Siente con más intensidad los dolores de amor y adoración cuando las circunstancias la apartan de su privada comunicación con su Amado para servir a otros en su nombre de maneras prácticas.

El equilibrio viene a nuestras vidas y a la iglesia cuando las Martas comienzan a adorar y las Marías comienzan a servir.

Repito, creo que quizá es tanto una epifanía para María tener un encuentro espiritual en la cocina como para Marta tener un encuentro espiritual a los pies del Señor. Fue Jesús el que dijo: «Todo lo que hicieron por uno de mis hermanos, aun por el más pequeño, lo hicieron por mí».[19]

La intimidación quizá sea nuestro mayor obstáculo durante esos viajes al otro lado. Puede ser abrumador para una Marta que entra en un cuarto de oración lleno de la adoración de Marías, y al mismo tiempo es cierto para María entrar en una ajetreada cocina mientras todavía enjuga sus lágrimas de un íntimo encuentro con el Señor.

Marta no debe intimidar a María y sacarla de la cocina antes que Dios cumpla sus propósitos en la visita. En la mayoría de los casos, María nunca igualará la habilidad y la eficiencia de Marta en la cocina, pero *puede* cumplir la perfecta voluntad de Dios en ese lugar mediante el servicio fiel hasta que Él le diga que vuelva a su lugar de servicio en la oración y la adoración.

SUSURRARLE DE NUEVO A DIOS
DEBAJO DEL PIANO

María no debe nunca intimidar a Marta para que salga del cuarto de oración. A veces entro a reuniones de oración y me siento intimidado por el abrumador volumen y pasión de las personas que oran allí. Tiendo a predicar mucho acerca del servicio a Dios con pasión, pero cuando esto viene a la oración íntima, el Señor y yo solo tenemos una buena conversación. (Estoy seguro que la mayoría de las personas no se impresionaría mucho si escuchara a escondidas nuestra conversación juntos.) En esos embarazosos momentos, solo quisiera arrastrarme hasta debajo de una mesa o un piano en cualquier parte y susurrarle. ¿Por qué? Me siento intimidado.

De un modo u otro debemos aprender a pasar por encima del factor de la intimidación a fin de que podamos cumplir la voluntad de Dios para nuestras vidas ya sea si nos encontramos en la cocina de Marta o en el rincón de oración de María. Jesús estaba siempre cambiando de acá para allá, entre lo espiritual y lo natural. Si queremos alguna vez impactar nuestro mundo, debemos aprender cómo se hace la transición de lo espiritual a lo natural. El hermano Lorenzo, por ejemplo, se negó a trazar una línea entre lo sagrado y lo secular. Le llamó «adoración» de lavar platos en su clásico libro del siglo XV, *La práctica de la presencia de Dios*. Los escritos del humilde «lavaplatos» han influido en múltiples generaciones para buscar a Dios con fervor mientras se sirve al hombre con fidelidad.

David dijo: «Tú conoces mi sentarme y mi levantarme; desde lejos comprendes mis pensamientos. Tú escudriñas mi senda y mi descanso, y conoces bien todos mis caminos».[20] Habrá tiempos de ambas cosas. Usted debe aprender a hacer una sencilla transición entre lo espiritual y lo sobrenatural sin ir de lo «sublime» a lo «ridículo».

Jesús se sintió cómodo en una casa en particular de Betania porque María atendió su divinidad y Marta hospedó su humanidad. Dios nos está enfrentando a un paradigma de cambio. Desea a María y Marta en su casa.

Señor, ayúdanos a ser más sensibles en los tiempos y las etapas cuando tocas a nuestra puerta. Ayúdanos a saber cuándo orar como María y cuándo servir como Marta. Necesitamos con desesperación tu sabiduría para encontrar el equilibrio entre las dos a fin de que logres sentirte cómodo entre nosotros. Mientras tanto, Señor, viviremos voluntariamente en la tensión entre María y Marta cuando vivan y trabajen juntas para hospedar tu presencia.

Notas

1. Quizá no piense que mis amigos enfrentaron en absoluto algún verdadero riesgo, pero verá que esa es precisamente mi idea. Aunque mi amigo doctor quizá se sienta cómodo dirigiendo unos complejos procedimientos médicos en la vida de un paciente, tal vez usted no. Dudo que el Señor le vaya a pedir que emplee procedimientos médicos sin una licencia para practicar la medicina, pero tenga casi por seguro que lo va a llevar a una situación donde la obediencia le exija que enfrente un riesgo de algún tipo que ponga a prueba la fe.

2. Tommy Tenney, *Los captores de Dios*, Caribe-Betania Editores, Nashville, TN—Miami, FL, 2001, p. 65 (del original en inglés).

3. Véase Romanos 8:29.

4. 1 Juan 3:16, NVI.

5. Véase Juan 12:4-6.

6. Véase Hechos 6:5—7:60.

7. Véase Mateo 26:40.

8. Véanse Juan 18:10; Lucas 22:49-51; Mateo 26:52. Para una exégesis completa de este pasaje, lea *El secreto de Dios para la grandeza: El poder de la toalla*, Editorial Unilit, 2001.

9. Véase Mateo 26:33-35,69-75.

10. Véanse Hechos 1:13-14; 2:1-4,13-16,36-41.

11. Véase Hechos 10:9-20.

12. Véase Gálatas 2:11-14.

13. Véase Juan 21:15-17.

14. El apóstol Pedro escribió 1 y 2 Pedro como epístolas o cartas a las iglesias.

15. Véase Efesios 6:5-8.

16. Véase Lucas 9:23.

17. Véase Romanos 8:29.

18. 2 Corintios 12:9, NVI.

19. Mateo 25:40, NVI.

20. Salmo 139:2-3, LBLA

Capítulo ocho

La prioridad de su presencia

¿Cuándo servimos? ¿Cuándo adoramos?

La mayoría de nosotros encuentra difícil creer que el «Dios que es más que suficiente» no tenga bastante de sus dos más atesoradas comodidades, pero es cierto. En realidad, Dios no se preocupa en cuanto a la falta de trabajadores de mantenimiento de la casa porque tiene toda una casa llena de personas que con voluntad «hacen el trabajo de sus manos» en la casa. Tampoco tiene problema alguno en la cocina del cielo, un montón de personas sienten el llamado al horno y al popular trabajo de preparación de alimentos para la familia.

La carencia se muestra en dos esferas clave de la economía de Dios que simplemente no son tan populares ni tan fáciles de hacer como las labores domésticas de la Divinidad.

La primera falta es tan crucial que el mismo Padre se ha ido a las calles en busca de una solución. Aun cuando esto es una carencia de uso interno, la necesidad es tan grande que Dios está conduciendo personalmente una búsqueda *por personas que lo adorarán a Él*.[1]

Nuestro Padre se fue al «camino apartado» porque a menudo tiene una casa llena de Martas que piensan que el trabajo de María es atender toda «la oración y las cosas espirituales», tanto como uno que piensa que su servicio en particular es en el parque motorizado del ejército y que «todas esas cosas de combate» es para los hombres de infantería en el campo. No se da cuenta que en primer lugar es un soldado del Ejército y en segundo lugar un mecánico de motores diesel.

La segunda carencia está vinculada a la primera. La falta de adoración siempre produce una *falta de trabajadores* también, pues los extraordinarios trabajos de Dios se generan por la relación íntima que solo nace de la adoración.

La falta de mano de obra en el campo es tan crítica que Jesús nos ordenó que oráramos al Señor de la mies por más *segadores* que trabajen en el campo de las almas.[2] El problema aquí es que nadie quiere «salir fuera» de la cómoda cocina en la casa de Dios para trabajar en los campos. ¿Es posible que su casa esté llena pero que sus campos estén vacíos? Hace falta la pasión de Dios en los corazones humanos para impulsarlos más allá de la comodidad del hogar y la iglesia para formar trabajadores ungidos de compasión. La verdadera adoración no alienta el aislamiento; propicia la transmisión divina de la pasión de Dios por los perdidos y el mundo herido.

Hay bastantes personas que trabajarán en la obra de Dios con sus manos, pero Dios está tratando de llevarnos a sentarnos a sus pies cuando nos visita, aun si este no es nuestro lugar de servicio principal. Sabe que nunca faltarán manos en el campo si ponemos nuestras vidas en sus manos. Ya hemos analizado la aparente decisión de Marta de sentarse en la cocina antes que sentarse a los pies del Señor, pero al parecer ella superó eso.

FUE JUDAS EL QUE PROTESTÓ POR LA ADORACIÓN DE MARÍA EN LA CASA DE SIMÓN

La dicotomía entre los puntos de vista terrenales y las perspectivas celestiales llegó a estar muy clara la noche en que María rompió el frasco de alabastro y ungió a Jesús en la casa de Simón el leproso. Una vez más encontramos a Marta sirviendo en la cocina, pero en esta ocasión no escuchamos su voz de queja. Su corazón se regocijó por el regalo de María para el Único que levantó a su hermano muerto, Lázaro. Fue Judas, el traidor en espera, que esa noche protestó por la adoración de María.

Cuando Judas Iscariote preguntó por qué el fragante aceite no se vendió y se le dio a los pobres, daba el primer lugar al pobre por encima de la presencia de la Divinidad (y algunos de los demás estuvieron de acuerdo).[3] Jesús los interrumpió, les pidió a los hombres que dejaran a María, y dijo: «A los pobres siempre los tendrán entre ustedes, pero a mí no siempre me tendrán».[4] En otras palabras, les pidió: «Hay momentos cuando necesitan alimentar al pobre, pero en este instante *mi presencia es la prioridad*».

Marta ya había recibido la lección que Jesús les enseñó a las personas en el banquete: Cuando el Maestro está en la casa, debe dejar a un lado todas las demás ocupaciones por la búsqueda que más importa: sentarse a sus pies y buscar su rostro, las Martas y Marías por igual, en la adoración.

Escuché a mi padre decir una vez: «Los últimos días manifestarán lo mejor o lo peor en ti, y tú determinas eso». El mismo ambiente que manifestó lo mejor en María también puso en evidencia lo peor en Judas. Criticó el generoso regalo de María como egoísta, y cuando menospreció la necesidad de ungir a Jesús con tan caro aceite, lo que en efecto decía era: «Qué malgasto... ¡Él no vale la pena!»

Los fuegos de la persecución se notaban a través de Jerusalén y Judea. La presión se elevaba en los círculos de los religiosos ortodoxos para «hacer algo» con relación a Jesús y sus milagros. Los discípulos encontraron más difícil aliarse porque al Único que seguían se destacaba aun más de la multitud a medida que el día de su victoria estaba cada vez más cerca.

ESTA PASCUA CAMBIARÍA TODAS LAS DEMÁS

La resurrección de Lázaro cruzó la línea para los enemigos del Señor en el Sanedrín, y los rumores de muerte e intriga se filtraban a través de Jerusalén a medida que se acercaba la gran fiesta de la Pascua.[5] María y Judas sintieron la presión, y sabían que *esta Pascua* cambiaría a todas las demás.

Con la presión que iba en aumento de los últimos días de Jesús, Judas y María se encontraron en la misma casa, en la misma habitación, en el mismo banquete. Judas debe haber luchado con los sentimientos de celo y envidia por el privilegiado lugar que la apasionada adoración de María tuvo en el corazón de Jesús. El estrés y la notoriedad de la muerte y resurrección de Lázaro por Jesús solo acercaron aun más a María a Él en los últimos días (mientras que a Judas lo alejaban cada vez más de la escena).

Es probable que de todas maneras Judas se resintiera de la presencia de María en el banquete. Esta era la casa de Simón, no la de ella. Las tradiciones de la época no aprobaban que las mujeres solteras abandonaran la cocina para unirse a los hombres en los banquetes públicos, a menos que fueran el tipo de mujeres malas que traían por razones inicuas.[6] Sin embargo, allí estaba ella, ¡enjugando los pies del Señor *con sus cabellos!*[7]

Cuando sienta la inminente presión de su presencia o del aplastante peso de circunstancias adversas, su quebrantamiento producirá amargura o dulzura, maldición o alabanza, candente cinismo o inexplicable gozo. Es su decisión si la presión presentará lo mejor o lo peor de usted.

LA PRESIÓN APLASTÓ LA FRÁGIL ALMA DE JUDAS

Cuando la dulce fragancia de la adoración de María llenó la habitación, una silenciosa envidia llenó el corazón de Judas que salió en tropel por su boca. La presión aplastó la frágil alma de Judas y produjo un extracto de amargura: «Debías haber vendido ese aceite y darle el dinero a los pobres».

La misma presión cosechó el néctar del quebrantamiento y la pasión de María para producir una bebida que Dios dijo que nunca se olvidaría. María debe haber pensado: *Ahora o nunca; tengo que dárselo antes que sea demasiado tarde.*

María sintió que los días del Señor en la tierra estaban contados, y se negó a perderse el momento. «Si no vierto el aceite sobre Jesús ahora, nadie lo va a hacer cuando Él muera». Incluso, el costo de su sacrificio no tenía importancia; pero para el amargado Judas, el dinero lo era todo. «Pues bien, no tenemos eso en nuestro presupuesto». La pasión dará pie a que haga cosas que la lógica dice que no puede darse ese lujo.

La presión en el campo espiritual continúa elevándose en *nuestros días* también. Provocará que esté más distraído y enredado haciendo «cosas» antes que buscando a Dios. Todos los días vemos al instante en nuestras iglesias las «repeticiones» de la escena en Lucas 10:40, y Dios está diciendo: «Marta, Marta, afanada y turbada estás con muchas cosas». Él desea que escojamos la *única cosa* y la *mejor parte* que necesitamos más que ninguna otra cosa.[8]

La mayoría de las iglesias se sienten más cómodas con las «premeditadas preparaciones» de Marta para la adoración antes que con el acto de adoración en sí. Ambos son importantes, pero la adoración es mucho más importante que las preparaciones para la misma. No debemos escoger entre las dos, debemos tener el llamado de las dos. Dios quiere que María *y* Marta sirvan en su casa.

DEJE LOS PREPARATIVOS Y ALÁBELO CUANDO ÉL LLEGUE

Somos cuidadosos para preparar nuestras casas de adoración antes de cada reunión colectiva. Planeamos nuestros cultos y desarrollamos los detalles de su orden y contenido por adelantado. Esta es Marta sirviendo a Dios de la mejor manera, y esto es de gran valor a su debido tiempo y en el lugar adecuado. Nuestro error, como el de Marta antes que nosotros, es no dejar los preparativos y sentarnos a los pies del Señor cuando arriba su manifiesta presencia. Debemos aprender a *parar los preparativos y comenzar a alabarlo* cuando Él se manifieste.

¿Pasaríamos cada momento de todo culto adorando en el altar? Esto parece bueno en una manera idealista, pero parece poco práctico e imposible desde este lado del cielo. El hecho es que nuestro práctico Dios proporcionó la predicación, la enseñanza, la exhortación y los dones que ayudan a *perfeccionarnos para la obra del ministerio*.[9] (¿Mencionaba Pablo esa cosa inoportuna de la «cosecha» otra vez?)

Si el modelo demostrado en Hechos de los Apóstoles y enseñado a través de las Epístolas significa algo, tenemos *trabajo* que hacer en la tierra mientras adoramos a Dios que es Espíritu.

Mientras vivamos en un mundo con un alma que no esté salvada, necesitaremos Martas ungidas para trabajar junto con las ungidas Marías.

A los ojos de Dios, no debemos tener problema en trasladarnos suavemente de lo natural a lo sobrenatural y viceversa. Nos hizo «anfibios» espirituales, equipados para respirar el aire de su presencia un momento y llevar su vida al campo lleno de humo y contaminado del hombre y al campo natural en el siguiente.

El problema que plaga nuestros cultos es simple: Debemos llegar lo bastante sensitivos para saber cuándo su *manifiesta presencia* entra en nuestras reuniones y hacer los ajustes correspondientes.

Describí la diferencia entre la omnipresencia de Dios y su manifiesta presencia en el libro *En la búsqueda de Dios*:

> La frase «omnipresencia de Dios» se refiere al hecho de que Él está en todas partes, en todo momento. Él es esa «partícula» en el núcleo atómico que los físicos nucleares no pueden ver, sino tan solo rastrear. El Evangelio de Juan menciona esta cualidad cuando dice: «Y sin él nada de lo que ha sido hecho, fue hecho» (Juan 1:3b) [...]

> Esto explica por qué una persona puede sentarse en el banquillo de un bar en estado de ebriedad, y de repente sentir la convicción del Espíritu Santo, sin el beneficio de un predicador, de la música o de cualquiera otra influencia cristiana [...]

> Aunque Dios está presente en forma simultánea en todo lugar y en todo momento, también hay ocasiones cuando *concentra* la esencia misma de su ser en lo que muchos llaman «la manifiesta presencia de Dios». Cuando esto ocurre hay una fuerte sensación y conciencia de que Dios mismo «ha entrado al recinto». Se podría decir que aunque ciertamente Él está en todas partes, a toda hora,

existen también períodos específicos de tiempo cuando está *más* aquí que *allá*.[10]

La omnipresencia de Dios inundó el desierto cuando Moisés todavía velaba las ovejas de su suegro, aunque los hijos de Israel seguían sufriendo bajo la brutalidad del faraón. Hizo falta la concentración o manifestación de la presencia de Dios en la zarza ardiente para captar la atención de Moisés y lanzarlo a rescatar a Israel de la esclavitud egipcia.[11]

HIZO FALTA LA MANIFESTACIÓN DE LA PRESENCIA DE DIOS PARA TRANSFORMAR A SAULO EN PABLO

Dios estaba en «todas partes» cuando Saulo fue a Damasco a perseguir a los cristianos, pero el fariseo seguía convencido de que le estaba haciendo un favor a Dios erradicando a los renegados de la secta judía llamados cristianos. Hizo falta la manifestación de la presencia de Dios en un solo lugar junto al camino para derribar y transformar al asesino Saulo en el mártir Pablo por Cristo.[12]

Estos son solo dos ejemplos de personas que reconocieron la presencia de Dios y lo honraron al ofrecerle su vida. Estoy convencido de que a menudo Dios visita nuestras reuniones, en especial cuando comenzamos a olvidarnos de nosotros mismos y a centrarnos en Él. Sin embargo, pocas veces nos damos cuenta de su manifiesta presencia. Incluso, con menos frecuencia honramos a Dios al ofrecerle el control total de nuestras agendas y nuestras vidas.

¿Alguna vez ha visitado un amigo o un pariente que le hace sentir que su visita es un inconveniente o una interrupción en su plácido desarrollo y por completo previsible horario del día? He estado de visita entre personas que actuaron como si ni siquiera estuviera allí. Lo único que deseaba era sacarlos de la cocina por la mano y decir: «¿Podrías venir aquí, sentarte y hablar conmigo?»

«Bueno, lo lamento, tengo que terminar esto».

Entre tanto pensaba: *Vine a visitarte y a pasar algún tiempo contigo, pero todo lo que quieres hacer es limpiar y cocinar. Si en verdad valoraras mi tiempo, tendrías que haber prestado atención a esto antes que llegara aquí.* He aquí algunos ejemplos típicos que parecen manifestarse en la vida de todo el mundo. Solo se cambiaron los nombres para identificar al culpable:

Una dama tenía la costumbre de llevarse rápidamente cualesquiera platos «sucios» debajo de mis narices en el momento que levantaba el último pedazo de sándwich, ensalada o postre del plato. Me daba la impresión que se anticipaba al segundo en que soltaba mi tenedor, esperando interceptarlo antes que lo dejara caer sobre su inmaculado mantel.

Otra amiga seguía un rígido horario para levantarse, cenar, hacer ejercicios e ir a la cama. Si uno faltaba a la preestablecida hora de comida, la regla verbal (por lo visto modelada en las reglas de una pensión) era que uno tenía que esperar hasta el siguiente «tiempo de alimentación» programado. Si su visita se prolongaba más allá de la mágica hora de su hora de dormir, sus ojos se les pondrían vidriosos y de repente se pondría de pie sin reparar en anunciar que se iba a la cama. En su camino al cuarto, pediría que el último apagara las luces y cerrara la puerta. Se negaba a permitir que nada ni nadie interrumpiera su horario, aun con una visita prevista con mucha anticipación.

La familia «plástica» le recibe en la puerta con la petición de que deje sus zapatos afuera y con buenos modales le señalan que camine por la estera plástica que recubre todas las vías de más tránsito a través de la casa. La sala y el comedor están repletos de maravillosos muebles, costosa porcelana y cientos de delicados adornos (una pesadilla para cualquier familia con niños). La característica que uno mejor recuerda es el raro crujido que uno escucha cada vez que se sienta en sus muebles... tienen un forro plástico que adorna cada asiento, sofá y silla en la casa. Incluso los colchones en los cuartos poseen adecuados forros plásticos para protegerlos de accidentes y brindar inolvidables «bytes de sonido» a los huéspedes lo bastante afortunados como para pasar la noche.

El amigo cuya más preciada posesión es su aspiradora eléctrica aparece con la aspiradora en mano ante la primera insinuación de la partida, de modo que uno se dice: «En realidad, no me hace mucha falta una pista. Creo que es tiempo de irme». Antes de que uno consiga ponerse en pie, la casa se llena con el zumbido de la aspiradora, así que tiene que levantar la voz solo para decir adiós. Si uno no se mueve lo suficiente rápido, quizá le pida que levante los pies mientras pasa rápidamente por su principal objetivo de la zona: el lugar en el que usted y su familia están sentados.

Esos maravillosos personajes en nuestra vida pocas veces significan algo por sus payasadas, pero uno presiente que en realidad no valoran su presencia tanto como usted hubiera deseado. Es probable que Jesús se sintiera de esa manera durante el primer incidente en el que participaron María y Marta en Betania. Tal vez sea por eso que Jesús le dijo, en esencia, a Marta: «En este momento hay una prioridad y eso es lo que necesitas hacer. Te hace falta estar aquí conmigo, Marta; los alimentos, las bebidas y los platos pueden esperar. Deseo que pases tiempo conmigo».[13]

GUARDA LA ASPIRADORA... ÉL TODAVÍA
NO HA TERMINADO CONTIGO

Considere por un momento cómo el Espíritu Santo se siente cuando respondemos a la fresca brisa de su presencia que se mueve en nuestro culto con una declaración como esta: «Y ahora pasemos a la siguiente parte de nuestro culto». ¿Qué hicimos?

Solo hemos sacado nuestra aspiradora. A través de nuestras acciones le decimos al Espíritu Santo de Dios: «Pues bien, estamos contentos de que nos hayas visitado. He aquí tu sombrero, pero no tienes que estar apurado por marcharte. Solo trabajaremos a tu alrededor...».

¡Qué dicotomía tan increíble! Por un lado decimos: «Oh, ven, Espíritu Santo. Ven y manifiesta tu presencia entre nosotros». Cuando llega, le decimos: «Espero que no tengas planeado quedarte mucho tiempo. Tenemos asados en el horno, los visitantes por primera vez en la congregación, y agendas que seguir». Fracasamos en cambiar la divina visitación en santa habitación porque no valoramos su presencia. La solución es simple: «Marta, cuando la presencia del Señor está en la casa, quítate el delantal, sal de la cocina y siéntate a sus pies».

«Fracasamos en cambiar la divina visitación en santa habitación porque no valoramos su presencia».

Honramos a Dios al darle prioridad a su presencia por encima de nuestros preparativos para su presencia. Todo se reduce a decisiones.

Muchas personas tienen un popular servicio en el sistema telefónico de su hogar nombrado «llamada en espera». Quizá usted se encuentre en medio de una conversación cuando una pequeña señal interrumpe lo que está diciendo y lo enfrenta a una decisión de prioridades. ¿Ofende a la persona en la primera línea pidiéndole que «aguarde» mientras habla con alguien en la otra línea que obviamente es más importante para usted? Si pasa por alto la llamada que está entrando y continúa con su conversación, podría estar perdiendo la llamada de su cónyuge, su madre, su hijo en dificultades, el Presidente de los Estados Unidos o, lo más común, una llamada de telemercadeo.

JESÚS DICE: «¡NO ME PONGAS EN ESPERA!»

Jesús estaba tratando de decirle a Marta: «¡No me pongas en espera! Yo soy la prioridad». Él está tratando de decirnos la misma cosa hoy. Si va conduciendo por la carretera y siente que la presencia del Señor entra al auto, ¿qué hace? ¿Le dice al Rey de gloria: «Estaré contigo más tarde, Señor»? Creo que yo detendría el auto y atendería la llamada de la Divinidad. Todo lo demás puede esperar.

A veces he sentido que la presencia de Dios entra en un culto cuando estoy a mediados de mi mensaje y sabía que enfrentaba una decisión. Puedo decir: «Necesito seguir mis notas», o me diría: «Es el momento de escoger la mejor parte, la única cosa que en verdad importa: necesito seguirlo a Él».

La vida consiste de decisiones diarias y continuas elecciones porque este es el designio de la Divinidad para la humanidad. La primera pista de esto se manifiesta en Génesis, el libro de los principios. Si examina los dos primeros capítulos de Génesis, notará que el árbol del conocimiento del bien y el mal (el único con el fruto prohibido) estaba en el *medio* del huerto a fin de que Adán y Eva pasaran todos los días por allí. Esto los obligaba a darle prioridad a Dios cada día.

Si el diseño del huerto se le hubiera delegado a usted o a mí, hubiéramos puesto el árbol en el rincón del fondo y protegido con un muro de espinas y zarzas de modo que la elección para evitar el pecado no fuera tan difícil. Adán y Eva se habrían visto obligados a salir de su camino para comer el fruto del único árbol prohibido en el huerto.

Parece que Dios no piensa de esa manera. El libro de Génesis describe cómo Dios creó, hizo, o formó cada cosa viviente y les ordenó que crecieran y se multiplicaran. Decretó las posiciones generales de la tierra, los mares y los cielos e hizo que cada árbol creciera de la tierra. Luego la Biblia describe con toda intención cómo Dios colocó con sumo cuidado dos árboles en *medio* del huerto por el propósito divino.[14] En otras palabras, no fue un accidente. Dios lo hizo con *un propósito*.

ESCÓGEME CADA DÍA

Casi puedo escuchar que le dice a los perplejos ángeles que miraban el espectáculo de la creación: «Los quiero *allí* mismo...

en medio de mi huerto». Cuando los ángeles le preguntaron por qué, podría haber dicho: «Porque quiero que las criaturas creadas a mi imagen pasen por allí todos los días. De esa manera tendrán que escogerme a mí y mi árbol de la vida por encima de sus deseos por el fruto prohibido». Recuerdo lo que leí en un lugar: «*Elijan hoy...*».[15] Quizá debamos reformular este mandato a la luz de la declaración de Jesús acerca de tomar la cruz cada día: «Elijan *cada* día».[16]

Satanás busca oportunidades para interferir en nuestras vidas a través de la puerta de nuestras malas decisiones y erróneas prioridades. Por ejemplo, considere los dos grandes mandamientos que Jesús citó en los Evangelios:

> *Amarás al Señor tu Dios con todo tu corazón, y con toda tu alma, y con toda tu mente. Este es el primero y grande mandamiento. Y el segundo es semejante: Amarás a tu prójimo como a ti mismo.*[17]

La primera decisión del maligno sería hacer que deje de obedecer uno de esos mandamientos. Si eso no da resultados, se decidirá por invertir su prioridad dada por Dios mediante el traslado de la segunda mejor cosa hacia delante de la mejor de todas. Espera robarle el poder del momento manteniendo su centro en usted mismo o en su prójimo cuando debe estar enfocado en el Maestro. Si tiene éxito, puede robar o impedir todas las obras milagrosas de la visitación divina que podría llevar a cabo en su vida.

DEJA TU PAÑO DE SECAR LOS PLATOS, MARTA... ¡ES TIEMPO DE ADORAR AL SEÑOR!

Lo ideal es que en el momento que sentimos la entrada de su presencia en nuestras reuniones, dejemos nuestro paño de secar los platos y digamos: «Está bien, eso es todo. Nos ocuparemos más tarde de los preparativos... al Único que hemos estado buscando está aquí. Llegó el momento de escuchar y bendecir al Señor». Es lamentable, pero ese es también el tiempo que la Marta en nosotros desea apurarse y estar ocupada.

Por lo tanto, ¿cómo sabe cuándo servir con Marta y cuando abandonarlo todo y sentarse a los pies del Maestro con María? La solución es sencilla: Cuando Él está en la casa, no haga nada, sino atiéndalo a Él. Eche a un lado su agenda y adopte la «posición de María» a sus pies.

Prevea su llegada (al fin y al cabo, para eso es que Marta está *preparada*) al velar en sus cultos de la iglesia y en los tiempos de su devocional personal. Vigile y aguarde por la aparición de su presencia en cada oportunidad. Quizá le parezca que empieza a alabarlo como es debido, pero adore por fe mientras pasa por alto su aquejado cuerpo y su cansada mente. El sacrificio de alabanza será valioso cuando sienta una edificante brisa del Espíritu Santo o saboree la dulzura de su presencia a medida que entra en la habitación.

Tenga más precaución de no entristecer al Espíritu Santo de Dios. Pablo nos lo advirtió: «No hagan que se entristezca el Espíritu Santo» y «No apaguen el Espíritu».[18]

CÓMO APRENDER EL ARTE DE HOSPEDAR AL ESPÍRITU SANTO

¿Cómo honramos la presencia de Dios sin entristecer al Espíritu Santo? Si usted desea comprender el arte de hospedar al Espíritu Santo, solo observe a alguien cargando una paloma.

Mi mamá y mi papá se fueron a un viaje al extranjero cuando yo tenía alrededor de dieciocho años de edad y estaba en la universidad. Por un capricho, decidí comprarle a mamá una paloma blanca como un regalo por su regreso a casa. A ella le encantó y decidió, por alguna razón, llamar a la paloma Fletcher [flechero].

Nunca he visto otra paloma como Fletcher. Llegó a estar tan «mansita» que se tiraba de espalda para que le rascara la barriga. Cada mañana cuando mamá se levantaba para hacer café (una práctica tradicional en Luisiana), Fletcher arrullaría y haría todo tipo de ruidos hasta que ella la liberara de su jaula. Le gustaba posarse en su hombro mientras ella bebía café y a veces se paraba en el borde de un platillo y bebía café con ella. ¡Esta ave era irracionalmente mansa! Sin embargo, a pesar de lo mansa que era Fletcher, era muy particular en cuanto a cómo nos movíamos en su presencia.

Aprendí que tenía que quedarme quieto si deseaba que volara a mí. Cuando Fletcher se posaba en mi hombro o en mi mano, se iría volando si hacía movimientos rápidos o incluso cambiaba de dirección con mucha prisa. Con la práctica, todos aprendimos a cómo movernos por la casa con Fletcher posada en un hombro o en la mano, pero *tuvimos que aprender a cómo andar*. (La Biblia, en la versión Reina Valera Antigua, lo llama andar «avisadamente»).[19]

UNA CONTROLADORA SUJECIÓN PUEDE ENTRISTECER Y APAGAR AL ESPÍRITU SANTO

Las narraciones de los cuatro Evangelios dicen que el Espíritu Santo es «como paloma».[20] Si es capaz de imaginarse a las personas en la iglesia cargando una paloma, vería algunas personas llevándola en la palma de la mano abierta y permitiéndole que se posara donde y cuando lo escoja. Muchos de ellos, incluso, volverán a la práctica común en la vida y encerrarán la paloma en su puño apretado para «retenerla». Esto describe cómo muchos de nosotros «cargamos» al Espíritu Santo. Deseamos «controlar» a Dios con tal sujeción que entristecemos y apagamos al Espíritu en el proceso.

En lo natural, si trata de sujetar una paloma con el puño apretado, la matará. Por otra parte, si puede incluso aprender a cargar la paloma con cuidado, felizmente se posará en su mano o en su hombro aun cuando vaya de un lugar a otro. Debemos aprender a atender u hospedar al Espíritu Santo en nuestros hogares, cultos de iglesias e incluso en las calles de nuestras ciudades.

De alguna manera María y Marta desarrollaron hasta tal punto la habilidad de hospedar la doble naturaleza del Salvador que Él prefirió quedarse en su casa antes que en los refinados hogares y mesones de Jerusalén. Dios todavía está buscando más Betanias. Está en busca de un lugar en el que María y Marta esperan para servir a la Divinidad y la humanidad con sensibilidad y pureza de corazón. ¿Da su casa o su iglesia la talla?

Cuando Él está en casa, Marta debe salir de la cocina y juntarse con María a sus pies. Cuando su manifiesta presencia no está allí, María debe estar unida de forma voluntaria a Marta en la cocina a fin de prepararse para su llegada y ejercitar la piadosa compasión hacia la humanidad. *La dificultad viene cuando tratamos de movernos suavemente entre la cocina y el altar.*

El Señor hizo esto verdaderamente particular durante una reunión especial que me llamó a lanzarme a escribir este libro. Alrededor de cincuenta personas se sintieron guiadas a unirse a mí en Luisiana con poca anticipación a fin de que les comunicara esas ideas que tenía en mi corazón respecto a María, Marta y la iglesia. A mediados de la sesión en la cual abarqué los puntos específicos de este capítulo, sentí al Espíritu Santo que me ponía a prueba. Pareció decirme: «¿Deseas continuar hablando de este libro o quieres permitirme descender de vez en cuando?» De inmediato dejamos a un lado la agenda de la reunión a fin de volver nuestra atención solamente a Dios.

No se sorprenda si el Espíritu Santo lo interrumpe mientras lee este libro. Esa es la señal para dejar a un lado este libro, quítese su delantal de servicio y rinda su corazón ante Dios en adoración.

Notas

1. Véase Juan 4:23.

2. Véanse Mateo 9:37-38; Lucas 10:2.

3. Véanse Mateo 26:6-11; Marcos 14:3-7; Juan 12:1-8.

4. Juan 12:8, DHH.

5. Véase Juan 11:43-57.

6. Los Evangelios demuestran mediante el contexto y la composición que las acciones de María en la casa de Simón fueron totalmente virtuosas, pero Judas no tuvo el beneficio de la retrospectiva. Lo veía todo a través del filtro de la amargura y el autodesprecio. Como es natural, desearía

pensar lo peor, sobre todo hacia alguien que veía como una competencia para la aprobación del Señor. Kathleen E. Corley, en *Private Women, Public Meals: Social Conflict in the Synoptic Tradition* [Mujeres privadas, cenas públicas: Conflicto social en la tradición sinóptica], Hendrickson Publishers, Inc., Peabody, MA, 1993, indica que era muy raro que las mujeres respetables cenaran en escenarios públicos, y cuando lo hacían, iban acompañadas por sus esposos. Tanto en la literatura grecorromana como la del Próximo Oriente antiguo, a los banquetes públicos que asistían mujeres con caros *alabastrones*, o frascos de alabastro de aceite de unción, se relacionaban casi siempre con la prostitución o la conducta promiscua (véanse las páginas 103-104 en el libro de Corley). Jesús corrigió las inexactitudes de Judas y cualquier otro anfitrión equivocado o las ideas de críticas acerca del regalo profético de María en anticipación de su muerte.

7. Véase Juan 12:3.

8. Véase Lucas 10:41.

9. Véase Efesios 4:11-28. Este pasaje compacto describe la sabiduría de Dios por la iglesia. Él suple ministros a la iglesia para *equipar*, no como objetos de adoración o bestias de carga. Su trabajo es equipar al «creyente promedio» para el trabajo sobrenatural de ministrar al mundo perdido, y esto solo se puede lograr cuando cada miembro hace su parte para construir la casa de Dios. Pablo rápidamente nos lleva de lo sobrenatural a la práctica natural de una manera que demuestra cuán indispensable es para la iglesia la unidad entre María y Marta.

10. Tommy Tenney, *En la búsqueda de Dios*, Editorial Unilit, Miami, FL, 1999, pp. 56-57.

11. Véase Éxodo 3:2-8 (NVI). Por lo general, por el «ángel del Señor» en este pasaje se entiende el Cristo preencarnado.

12. Véase Hechos 9:1-20.

13. Véase Lucas 10:40-42.

14. Veáse Génesis 2:9

15. Véase Josué 24:15, DHH.

16. Jesús dijo: «Si alguno quiere venir en pos de mí, niéguese a sí mismo, tome su cruz cada día, y sígame» (Lucas 9:23).

17. Mateo 22:37-39.

18. Efesios 4:30, DHH; 1 Tesalonicenses 5:19, NVI.

19. Véase Efesios 5:15.

20. Véanse Mateo 3:16; Marcos 1:10; Lucas 3:22; Juan 1:32.

Capítulo nueve

¿Puede montar en bicicleta?

El arte del desplazamiento por la constante compensación

L a sociedad moderna se mueve a tan alocado ritmo en muchas naciones industrializadas que muchos creen que todo lo que uno tiene que hacer para quedarse atrás es quedarse parado. Podríamos hacer una declaración similar acerca del reino de Dios: todo lo que hace falta para estancarnos es dejar de movernos. La ventaja no es el simple movimiento en sí, es la constante compensación de nuestra disposición.

¿Recuerda la primera vez que trató de montar en bicicleta? La mayoría de nosotros emprendió ese proyecto desconociendo por completo la clave del éxito en esa maravilla de dos ruedas: *tiene que mantenerse en movimiento.*

Nuestros inexpertos instintos nos dijeron que paráramos todo movimiento en un tiempo de crisis. Es lamentable, pero en el momento que dejamos de movernos hacia delante, también perdemos nuestro poder para compensar la rara tendencia de la bicicleta de caerse cuando las ruedas dejan de rodar. No fue hasta que nos las ingeniamos para mantener el movimiento en una crisis que descubrimos cómo evitar una caída mediante la compensación con un giro del manillar.

¿Qué pasó? Aprendimos a cómo *compensar* cuando la bicicleta comenzó a inclinarse demasiado hacia un lado. Todavía estamos aprendiendo esa lección en nuestra búsqueda de la presencia de Dios.

Mis coloridos recuerdos de la infancia de los circos aún me brindan esclarecedores ejemplos de la «compensación constante». ¿Alguna vez ha observado actos en la «cuerda floja» en un circo o en la televisión? ¿Ha notado que los acróbatas *siguen en movimiento y mantienen sus brazos o varas en equilibrio para la compensación* sin importar qué tipo de acto realice? Ya sea que la persona camine a través de la cuerda floja, pasee en bicicleta o motocicleta por la cuerda, ¡o incluso cruce el abismo de nuestra imaginación en un monociclo con tres personas sobre sus hombros!

EL DESASTRE LE SIGUE
A UNA FALLA DE COMPENSACIÓN

La vida y la muerte y el éxito y el fracaso se balancean peligrosamente sobre la habilidad del artista para compensar por cada minuto de cambio de gravedad. Todo lo que hace falta para una desastrosa caída es fallar en compensar los desequilibrios.

Los mismos principios se ajustan a su vida en Cristo. Con amabilidad, Dios nos permite que compensemos las desviaciones o desequilibrios del rumbo en nuestras vidas, pero el problema viene cuando perdemos la habilidad de escuchar o cuando nos negamos a obedecer su voz.

La mayoría de las veces pedimos *demasiado* y con mucha rapidez de nuestro Padre celestial. Oramos por este gran poder espiritual y luego cultivamos la rebeldía cuando Él dice: «No estás preparado para esto. No tienes el balance requerido para utilizar con éxito este don».

La iglesia está en un constante estado de desequilibrio, en el que participa usted si es capaz de admitirlo. ¿Por qué digo tal cosa? Es parte del designio de Dios. Si estuviéramos perfectamente equilibrados en la vida y el ministerio, nos sentiríamos tentados a desechar nuestra constante necesidad de la gracia y la misericordia estabilizadoras de Dios, y de cada María o Marta que está «del otro lado» de nuestra zona de comodidad.

A menudo observamos a la iglesia del primer siglo como una imagen de la perfecta voluntad de Dios para las actividades de la iglesia en el mundo. En realidad, la iglesia descrita en el libro de Hechos y en las Epístolas es un buen ejemplo, pero no debido a su perfección. De la iglesia primitiva aprendemos más de la compensación a ser guiados por el Espíritu y de la adaptación a los cambios necesarios que de su cuestionable perfección.

La iglesia del Nuevo Testamente nació de un explosivo encuentro con la presencia de Dios en un aposento alto. Ese encuentro transformó los ciento veinte buscadores de Dios en unos radicales captores de Dios cuando recibieron tal plenitud de celo y poder que su testimonio y ministerio llevaron a miles al reino de Dios en un solo día.[1] Sin embargo, se convirtieron en tan «espirituales» que la Biblia dice que se desatendió el más práctico «ministerio de Marta» hacia las viudas no judías de la congregación.[2]

Los cabellos de los apóstoles todavía olían al humo del aposento alto cuando las quejas los trajeron de regreso a la tierra en un instante. Sobre todo, los creyentes no judíos les dijeron a los líderes judíos: «Ya saben, antes que tuviéramos este gran avivamiento y antes que el cabello de todo el mundo lo atrapara el fuego, tenían la costumbre de atendernos a las viudas. Ahora, todo el mundo es tan espiritual que lo único que quieren hacer es danzar, orar y predicar en las calles. Ni siquiera nos han vuelto a prestar atención».

DIOS DA UNA MARTA UNGIDA A DOCE MARÍAS

Los doce apóstoles sabían que el problema era real, pero también sabían lo que Dios los llamó a hacer en ese crítico momento. La única solución era hacer una piadosa *compensación* para restaurar el equilibrio en la iglesia.

Parece que decidieron buscar Martas dotadas para que se encargaran de enfrentar las necesidades de las viudas a fin de que los apóstoles pudieran dedicarse al llamado de oración de María y al ministerio de la Palabra.

Me resulta interesante que los requisitos para los primeros diáconos o servidores de las mesas eran similares a los de una María. Los apóstoles redactaron su deseado anuncio de esta manera (creo que este anuncio es un permanente aditamento en los vestíbulos de las iglesias y boletines. Los he visto pegados en los lugares públicos de casi todas las iglesias que he visitado en los tres últimos decenios):

SE BUSCA:

«Siete hombres de buena reputación, llenos del Espíritu y de sabiduría, a quienes podamos comisionarlos para este negocio».[3]

Los apóstoles no eran orgullosos ni tenían prejuicios contra el Ministerio de Marta; sabían el precio que Jesús pagó a fin de prepararles para ese tiempo en la historia humana. En realidad, no se podían permitir el lujo de distraerse de lo que se suponía que *ellos* debían hacer solo por realizar algo que se suponía que hiciera *otra persona*.

Quizá ha leído la descripción que Pablo hace de la situación: «Por Cristo el cuerpo entero se ajusta y se liga bien mediante la unión entre sí de todas sus partes; y cuando cada parte funciona bien, todo va creciendo y edificándose en amor».[4]

Incontable número de hombres en la categoría de mi «mediana edad» están en la etapa de la vida cuando su mayor esfera de productividad parece ser el espacio por encima del cinturón y debajo de la barbilla. El nuevo «crecimiento» en grasa adicional del estómago ejerce bastante presión en la región lumbar.

COMO EL HIERRO AFILA EL HIERRO, MARÍA Y MARTA SE AFILAN ENTRE SÍ

Es inevitable que esos hombres escuchen a un médico, a un terapeuta o a sus esposas recordarles que la mejor manera de fortalecer la espalda y aliviar el dolor lumbar es haciendo ejercicios *abdominales*. Incluso si insisten en deletrear eso como «a-b-o-m-i-n-a-b-l-e-s ejercicios», no cambia el peculiar hecho de que el abdomen está en el lado *opuesto* del torso del cuerpo desde donde sienten el dolor lumbar. Aun la fisiología humana parece seguir la sabiduría bíblica que dice: «Hierro con hierro se aguza; y así el hombre aguza el rostro de su amigo».[5]

Cuando los apóstoles recibieron la queja acerca de las viudas desatendidas, enfrentaron una situación donde la María y la Marta de la iglesia necesitaban hacer su parte a la vez que lograban un trabajo bien hecho. Esta fue también la situación en la casa de Simón durante la última cena en Betania. Marta estaba sirviendo al Señor desde su posición en la cocina, mientras su hermana María lo servía desde su posición a sus pies.[6] ¡Los polos opuestos lo atrajeron!

En otras ocasiones, tales como en el tiempo de «tardarse» en el aposento alto, todo el mundo tiene el llamado a dejar sus diversos «deberes en la cocina» para asumir la posición de María y servir o ministrar al Señor hasta que esté preparado para derramar sus bendiciones sobre ellos.[7]

Los apóstoles resolvieron el problema comisionando a Martas ungidas o diáconos para que se ocuparan del servicio a las mesas de las viudas mientras mantenían la prioridad de sus responsabilidades apostólicas.[8]

Me parece que los apóstoles «elevaron el oficio» de los primeros diáconos y les dieron honor cuando era debido. Está claro que los apóstoles vieron el oficio de Marta de servir a las mesas como una tarea sobrenatural que requería dote sobrenatural, este solo no era *su* principal llamamiento. *Muchos de nuestros problemas vienen de la falta de respeto que tenemos por cualquiera que no tenga el mismo ministerio que nosotros.*

NUNCA PONGA EL PODER EN MANOS DE INMADUROS

¿Por qué los apóstoles tuvieron tal cuidado cuando escogieron a los diáconos o hicieron una sustitución apostólica por Judas Iscariote? Las Escrituras nos advierten: «No te apresures a imponerle las manos a nadie».[9] Eso significa que *nunca debe poner el poder en manos de los inmaduros.* Si lo hace, pagará después un alto precio.

Durante una reunión, le gasté una broma a mi segunda hija al anunciarle a la audiencia: «Quiero notificarles a todos los conductores en el área central de Luisiana: Mi hija pasó su examen escrito de conducción y estamos a punto de facultarla con un automóvil de novecientos kilos». ¿Por qué diría una cosa así? Como cualquier padre sensato de una conductora adolescente, tengo una saludable preocupación de que ella quizá atropelle a alguien en el proceso de ganar experiencia.

Mis hijas tienen buena conducta, son serias y responsables; pero yo tengo el suficiente sentido común para saber que no se transformarán automáticamente de principiantes a *experimentadas* conductoras de la noche a la mañana.

El poder, la fortaleza y la autoridad en las manos de los inmaduros son peligrosos. La habilidad de utilizar esa responsabilidad viene a través de un período de aprendizaje que incluye instrucción y amplia corrección de errores. (Es la parte del «error» lo que preocupa a los padres de jóvenes conductores.)

HACERSE DE LAS HABILIDADES ACUMULADAS DE LA CONSTANTE COMPENSACIÓN

La diferencia entre los conductores principiantes y los experimentados es la habilidad acumulada de la *constante compensación*. Los conductores expertos se compensan de manera automática por las sutiles variaciones en la velocidad, la dirección, los cambios del tránsito y las condiciones de la carretera. Incluso, algunos conductores nuevos ni siquiera saben dónde está el freno sin mirar abajo.

¿Alguna vez ha notado que los conductores experimentados constantemente compensan su rumbo con pequeños y sutiles movimientos del volante para mantener el vehículo entre las cunetas? Solo los inmaduros se aferran al volante y de manera estática conducen el auto sin firmeza. Con inevitable empecinamiento irán a parar a la cuneta. (También tenga cuidado con los peligros de la compensación extrema; ¡use pequeños movimientos para compensar!)

A veces pedimos cosas que Dios sabe que no debemos tener. ¿Alguna vez se ha preguntado por qué Jesús llamó a Jacobo y Juan los «hijos del trueno»?[10] Quizá tengamos la respuesta en este pasaje del Evangelio:

Viendo esto [que una aldea samaritana rechazó a Jesús] *sus discípulos Jacobo y Juan, dijeron: Señor, ¿quieres que mandemos que descienda fuego del cielo, como hizo Elías, y los consuma? Entonces volviéndose él, los reprendió, diciendo: Vosotros no sabéis de qué espíritu sois; porque el Hijo del Hombre no ha venido para perder las almas de los hombres, sino para salvarlas. Y se fueron a otra aldea.*[11]

Estaban diciendo: «Pues bien, Señor, fuimos allí y no nos trataron bien en ese restaurante. No nos querían servir en la aldea, así que les quitaremos los impulsos, solo danos la orden y el poder para hacerlo».

En esencia, el Señor les decía: «¿Así que eso es lo que piensan que vine a hacer? ¿Creen que deberían matar a todo el que no los trata bien? No saben qué tipo de espíritu está hablando a través de ustedes».

Cuando pedimos poder y autoridad y no los recibimos en la medida que esperamos, casi siempre es porque no estamos preparados para utilizar esas cosas a ese nivel. Cuando leemos acerca de los milagros que ocurrieron a través de la vida de los apóstoles, a veces oramos: «Está bien, Señor, quiero el poder para sanar el enfermo y para levantar también al muerto. Solo envíame todo el "Equipo de Milagros al Instante de los Apóstoles"».

EL ARTE DE LA CONSTANTE COMPENSACIÓN NOS PROTEGE

Él solo mueve su cabeza y dice: «Me gustaría darles ese poder, pero por otro lado ese poder no puede estar en manos inmaduras. No tienen la suficiente habilidad en el arte de la compensación y el juicio para estar a salvo».

El apóstol Pablo demostró ambos lados de la autoridad sobrenatural cuando reprendió a un mago judío llamado Barjesús por interferir en la obra del Espíritu Santo y declaró que el hombre quedaría ciego.[12]

Cuando Dios le da el poder para soltar algo, también le da el poder para atar las cosas.[13] Puede proferir palabras de vida o muerte y de bendición o de maldición. La autoridad es de Dios, pero el juicio individual y la sabiduría deben desarrollarse en su corazón a medida que aprende a compensarlo constantemente por su Espíritu.

Dios exige equilibrio en su reino, pero no le interesa el estancamiento estático. Está tras el tipo de «equilibrio en tensión» que usted descubre cuando un acróbata camina por la cuerda floja o se balancea en un inmenso balón o barril usando la constante compensación para mantener su equilibrio.

Desea que María y Marta trabajen en su casa porque la comodidad solo viene cuando se suplen las necesidades de la humanidad y la Divinidad. Solo porque Dios lo creó y llamó a una de las mayores cosas no tiene el derecho a pasar por alto la necesidad de otro. Debe valorar el piadoso llamado de los demás que son diferentes a usted. Eso fue lo que hicieron los apóstoles cuando decidieron comisionar hombres piadosos para atender las necesidades de las viudas a fin de poderse dedicar a la oración y el ministerio.

HALADO ENTRE LA PASIÓN Y LA COMPASIÓN

El Señor nos ayuda a compensar los desequilibrios personales y colectivos que «halan» de un lado y otro entre la pasión por su divinidad y la compasión por la humanidad. Cada vez que sucumbimos a estos giros de un lado al otro, tenemos la oportunidad de «tropezar» a través de Él y tener una renovada pasión espiritual en nuestra vida. (A Él le encanta bendecirnos cuando le decimos sí a su Espíritu.)

Durante la serie de reuniones, llamada el nacimiento de un libro, que sostuvimos para ayudar a finalizar el material para este libro, experimenté uno de esos momentos cuando el Señor me halaba hacia un lado e interrumpía mi agenda. Deseaba compensar por un descuido en nuestras reuniones.

En medio de una retrasada sesión de la mañana, un miembro del personal me contó que había ocurrido una tragedia local en la que perecieron tres niños pequeños en un trágico incendio en una casa. Un querido amigo mío llamó para decir que no regresaría a la reunión porque él y su esposa estaban ministrando a los atribulados padres.

Mi corazón se abatió por los heridos padres, pero les dije a los miembros de mi personal: «No sé qué hacer. El tiempo es corto y necesitamos permanecer concentrados en lo que estamos haciendo aquí».

OH DIOS, TE EXTRAÑO

Al día siguiente salí al frío de la mañana justo antes de la conclusión de las reuniones según lo programado, y recogí el periódico en mi entrada de autos. Los titulares acerca del trágico incendio oprimieron mi corazón. Dije: «Oh Dios, te extraño. Aquí estamos hablando de María y Marta cuando me diste una palmadita en el hombro y me dijiste: "Está bien, se trata de todo esto. Ahora, ¿qué vas a hacer?"»

Lo cierto es que si usted es Marta, sabe al instante qué hacer. Si es María, no obstante, a menudo se encuentra perdido en tal situación. María incluso no veía «los platos en el fregadero» y Marta tenía problema en mirar más allá del fregadero para ver a Jesús esperando por ella. Nuestra reacción instintiva a la tragedia está casi siempre limitada a alguien que interrumpe una reunión para decir: «Vamos a ponernos todos en pie y orar por esta familia».

De algún modo supe que Dios deseaba algo más práctico para nosotros en esta oportunidad, así que oré: «Dios, no sé qué hacer. No puedo devolverles los niños que esas personas perdieron en el incendio. No los conozco así que no puedo ir hasta ellos y poner mi brazo a su alrededor». Al final, me comuniqué con mi amigo y le pregunté: «¿Qué necesitan ellos? ¿Qué puedo hacer para ayudarlos de maneras prácticas? No conozco a esta familia, ¿pero qué necesitan?»

A veces María necesita recibir el consejo de Marta y viceversa. Durante un viaje ministerial a Inglaterra, nuestro grupo alquiló un microbús para diecinueve personas (en realidad, era un ómnibus pequeño del tamaño de una casa móvil). El tamaño era importante en sí porque las carreteras en Inglaterra no se conocen por ser muy anchas. Lo que hizo que las cosas fueran en verdad un reto es que los ingleses (y los europeos en general) conducen por el lado opuesto de la carretera al que conducen los estadounidenses.

Esos bastante desafortunados para sentarse en el lado del pasajero (el lado del *conductor* en Estados Unidos) tuvieron la oportunidad de observar cuán cerca estábamos del desastre de una intersección a otra. Cuando la tensión y su sentido de supervivencia vencían finalmente su timidez, dirían: «Estás un poco *cerca* por aquí».

Al principio las advertencias fallaban porque el conductor no tenía la costumbre de la compensación desde el «lado del pasajero» de la carretera, así que por lo general nos desviábamos por la dirección incorrecta para compensar. Al final, las habilidades de compensación surgieron para enfrentar el reto y todo el mundo en el microbús apreció la perspectiva del «conductor del asiento delantero» asistiendo al nervioso conductor detrás del volante.

APRECIAMOS LA MARTA DEL ASIENTO TRASERO CUANDO GUARDA A MARÍA DEL CHOQUE

A veces, María o Marta necesita decirle a su colega: «Estás un poco cerca de este lado de la carretera». Bajo circunstancias normales, pocos de nosotros pueden apreciar un «conductor del asiento trasero» en los vehículos o situaciones en la iglesia. Los niveles de apreciación cambian con rapidez, sin embargo, cuando la Marta del asiento trasero guarda a María del choque. Por la misma regla, si Marta puede valorar y ser sensible al consejo de María y hacer las compensaciones de acuerdo con esto, Dios la usará para ayudar a guardar la vida y el ministerio de Marta en el centro de los propósitos de Dios.

Uno de mis predicadores favoritos afroamericano del pasado, el difunto S.M. Lockridge, acostumbraba a decir: «Cuando se amontonan de un lado, se caerán del otro. Cuando su tensión arterial está alta, su cuenta bancaria está baja». Sus palabras describen una clara imagen de nuestra lucha constante para mantener nuestro equilibrio en la vida cristiana.

Una de las grandes claves en el arte del desplazamiento espiritual y la constante compensación es escuchar el consejo de esos que tienen diferentes u opuestos llamados al suyo. Si es una María o está viviendo en una etapa de María, preste atención cuando Marta le da una palmadita en el hombro y le brinda consejo acerca de alguna necesitada compensación.

En cada situación, la mejor cosa que puede hacer es preguntarle al Señor: «¿Qué puedo hacer? ¿Dónde quieres que esté y sirva?» Algunas veces también necesita preguntarle a su «opuesto» qué tiene que hacer.

En ocasiones, mi esposa ha discutido situaciones apremiantes conmigo, sin dejar ningún detalle en el proceso. Cuando al fin termina de abrir su corazón, tengo que preguntarle en el típico estilo masculino: «¿Qué quieres que *haga* en cuanto a esto?» Entonces ella contesta: «No quiero que hagas nada. Solo deseaba que lo supieras y asegurarme que tú lo sabes».

LA COMPENSACIÓN POR EL CONOCIMIENTO DE LOS PUNTOS DE VISTA DE OTROS

Como muchos otros esposos, soy muy orientado a la acción que da por sentado que cuando mi esposa me cuenta algún problema o preocupación, ella espera que lo «arregle» de algún modo. Al fin y al cabo esa no era su meta. Algunas veces la compensación que necesitamos viene a través de un simple conocimiento de las necesidades o puntos de vista de otros. Esto es cierto sobre todo en la iglesia.

Nos sería más fácil aceptar el concepto de compensación si no actuara de esa manera. Mientras que estemos vivos y en nuestros cuerpos naturales, nunca seremos capaces de detener la compensación por nuestras deficiencias y las excesivas prolongaciones en la vida. La madurez cristiana no está marcada por una ausencia de defectos, errores o meteduras de pata; sino por el pronto arrepentimiento, aceptación de corrección y una adecuada compensación. La experiencia tiende a ayudarnos a cometer pocos errores, pero estos todavía vienen.

La interacción de María y Marta ayuda a crear la atmósfera adecuada para atender la Divinidad y la humanidad a la vez. El proceso de la constante compensación actúa muy parecido a un termostato que regula la temperatura en una casa u oficina. ¿Alguna vez ha notado que la calefacción no arranca ni *permanece* bajo condiciones normales? Si es así, es probable que las condiciones no sean muy cómodas. Por otra parte, ¿alguna vez se ha levantado en una mañana fría de invierno para descubrir que su estufa o calefacción funcionó mal durante la noche?

EL TERMOSTATO CUMPLE LA FUNCIÓN DE COMPENSACIÓN CONSTANTE

Los termostatos se inventaron precisamente porque hacen más que simplemente encender una calefacción o un aire acondicionado con el objetivo de crear una atmósfera adecuada en una habitación. Un termostato establece una temperatura placentera y luego compensa de manera constante la disminución o elevación de la temperatura mediante la activación de los sistemas de calefacción o enfriamiento según sea necesario. En otras palabras, el termostato cumple la función de la compensación constante.

Sospecho que hace falta un esfuerzo similar para crear la adecuada atmósfera espiritual en una iglesia. Un mes el pastor quizá se pare y diga: «Están haciendo un gran trabajo de adoración a Dios, pero necesitamos tener la seguridad de que alimentamos al hambriento». Al mes siguiente podría decir: «Aprecio su trabajo desinteresado en las calles y refugios, pero necesitamos asegurarnos que estamos adorando a Dios con el mismo celo». Las personas que no comprendan la necesidad de la compensación constante quizá digan: «Quisiera que el pastor ordenara su mente en cuanto a lo que es importante».

El asunto no es escoger una prioridad sobre otra; se trata de la necesidad de hacer compensaciones constantes para cambios en la temperatura interior y exterior o las condiciones externas. Cuando hay pánico en las calles, el pueblo de Dios debe estar tan serenamente confiado que hay danza y regocijo en la iglesia (el calor de la pasión por Dios tiene poco que hacer con el calor de las emociones en tiempos de crisis). Cuando la apatía y la cínica depresión corren por la ciudad después que un empresario despide a la mayoría de su fuerza laboral o cierra plantas locales, la temperatura de gozo debe elevarse en la iglesia. Leí en un lugar: «Bástate mi gracia; porque mi poder se perfecciona en la debilidad».[14] Hace falta la compensación constante para mantener la atmósfera de paz, gozo y amor ante los siempre cambiantes estímulos y condiciones externas.

RECUERDE ALIMENTAR LAS PRIORIDADES DE SU VIDA

Algunas veces pierde su equilibrio porque está tan ocupado en alimentar a todos los demás que olvida alimentar las prioridades de su vida. Según las Escrituras, su máxima prioridad es «alimentar» la adoración y el amor a Dios.[15] Si su pacto de matrimonio con Dios se desmorona y cae, todo el trabajo de su Marta se reducirá a nada más que un negocio. No tendrá un hogar, ¡solo un restaurante!

Un cierto número de organizaciones eclesiales han construido extraordinarios hospitales y refugios para desamparados, pero la pasión de su original relación con Dios se ha desvanecido. Algunas veces sus miembros se sienten como que presionan el reloj del tiempo religioso y se mueven hacia las buenas obras sin meta alguna. Esas iglesias necesitan hacer una compensación en su curso para recobrar el fuego de su pasión por Dios.

¿VENDRÁ DIOS A SU CASA CUANDO ESTÁ HAMBRIENTO?

Las personas en una ciudad quizá sepan ir a su iglesia cuando estén hambrientas y desamparadas, ¿pero vendrá Dios allí también cuando tenga hambre? Sabemos que Dios siente hambre debido a la respuesta de Jesús a los discípulos cuando ellos regresaron de un restaurante y le brindaron algún alimento que le llevaron al pozo de Jacob cerca de Sicar en Samaria.[16]

—Aquí tienes, Jesús, te trajimos algo de comer.

—No tengo hambre; ya he comido. Yo tengo una carne para comer que ustedes no comprenden.

—¿Qué comiste?

—Ah, tuve un banquete en este pozo con la adoración de una mujer y al hacer la voluntad de mi Padre. Estoy satisfecho.

Cuando Dios tiene hambre, cena en la adoración. Jesús le dijo a la mujer en el pozo: «Mas la hora viene, y ahora es, cuando los verdaderos adoradores adorarán al Padre en espíritu y en verdad; porque también el Padre tales adoradores busca que le adoren».[17] La única cosa que el Padre busca activamente es adoradores. Ya sabe dónde se ocultan todas las pepitas de oro y los diamantes en cada capa de la tierra. Los artículos raros son los adoradores, no el oro ni los diamantes.

«Cuando Dios tiene hambre, cena en la adoración».

El equilibrio es crucial para los cristianos que en verdad se preocupan por buscar a Dios mientras sirven al hombre. La manera en que Dios nos ayuda a mantener ese equilibrio es mediante las compensaciones constantes de nuestras circunstancias, las cuales a su vez nos exigen hacer compensaciones en nuestros afectos, decisiones diarias, métodos de ministerio y nuestras actitudes hacia los demás.

PAPÁ NOS OFRECÍA OFRENDAS QUEMADAS EN LOS DÍAS QUE MAMÁ ESTABA FUERA

Cuando crecía, mi hermana y yo sabíamos que «la cosecha sería perder peso» cada vez que mi madre salía de viaje o se enfermaba a tal grado que papá entraba en la cocina. El desayuno era la única cosa que mi papá era capaz de cocinar, y lo única cosa que recuerdo que hacía para el desayuno eran tostadas de canela. (Todo lo demás que hacía se parecía más a una «ofrenda quemada» que a algo de un grupo reconocible de alimento.)

Cada vez que mi hermana y yo hablamos de esto, comenzamos a reír porque papá tenía un peculiar talento para crear «dibujos de puntos» en tostadas de canela. Déjeme explicarle el proceso en caso de que nunca haya preparado esta «exquisitez». Primero tuesta una rebanada de pan y le unta mantequilla o margarina encima. Luego la salpica ligeramente con un poco de azúcar y a continuación la polvorea con canela molida. Dudo que los nutricionistas incluyan la tostada de canela en sus menús, pero desde hace mucho tiempo es la favorita de los niños.

Mi papá tenía una habilidad única para aplicar la canela y el azúcar de una manera que parecía que los dos ingredientes nunca se mezclaban. En una mordida, quizá tenía la boca llena de mantequilla derretida y azúcar parcialmente disuelta sin una pizca de canela. En la siguiente mordida, a lo mejor tenía una explosión polvorienta de canela que estimulaba las papilas gustativas sin nada de la dulce influencia del azúcar.

Las tostadas de canela de papá me recordaban una cara cubierta de pecas, de un dálmata enmarcado, y de un raro dibujo de puntos entregados en una tabla. Mi hermana y yo amamos a papá con todo nuestro corazón, pero el pensamiento de comer sus creativos desayunos con grandes pegotes de canela por aquí y montones de azúcar por allá es menos que apetitoso. Francamente, era terrible. Al menos papá trataba.

Una de sus otras deficiencias es que no puede dibujar una línea derecha. Todavía tengo el proyecto que hice cuando era un niño explorador. Es un tipo de estante diseñado para colgarlo de la pared. Que yo sepa, es la única cosa que jamás haya construido con sus manos y, por supuesto, está torcido.

Como resultado de este operario frustrado en la casa, me convertí en el Señor Arréglalo Todo. A los doce y trece años de edad, mi mamá confiaba en mí para arreglar las cosas, pero le decía a papá: «Ahora bien, Tom Fred, no te engañes con eso. Solo deja que Tommy lo arregle». No podía cocinar, dibujar ni arreglar nada; pero es una persona increíblemente talentosa cuando se trata de otras cosas. El tema de la historia es que mi papá lo compensa. Fue y es un maravilloso padre y mentor espiritual.

PAPÁ COMPENSABA CON UN BANQUETE ESPIRITUAL

Papá no puede cocinar, dibujar ni arreglar ninguna cosa con sus manos; pero ah, qué banquete espiritual de la Palabra de Dios cocina para las almas hambrientas. Sabe cómo dibujar una línea derecha de principios piadosos desde la puerta principal de la iglesia hasta la oficina del fondo donde se cuentan las ofrendas. Puede presentar milagros y palabras amorosas de la caja de herramientas de Dios para arreglar los corazones rotos del pueblo de Dios o reparar las bases del templo que se están agrietando. Como dije, papá compensa.

Algunas veces Dios ofrece compensación radical a la iglesia haciendo compensaciones radicales en las vidas individuales. Algunas personas me han preguntado: «¿Alguna vez puede una Marta convertirse en una María?» Tengo que admitir que esto fue lo que pasó en mi vida.

Pasé mis primeros años de ministerio como el pastor de una iglesia local. Era una Marta a tal punto que cada aspecto del culto de la iglesia se redactaba con sumo cuidado y se organizaba con anticipación. Si su única experiencia con mi ministerio ha sido en los últimos años, no tiene idea de cuánto dominaba mis métodos el modo de pensar de Marta.

Cuando entraba al culto de la iglesia, llevaba en mi mano una «hoja en formato de trabajo» que había fotocopiado y distribuido a todo el que tenía alguna parte en el culto. Esta incluía un espacio en blanco solo para mi uso durante el culto. Pensaba y «pastoreaba» a través del mismo. Constantemente escribía los nombres de las personas con las que necesitaba hablar y pensaba que necesitaba hacerlo porque cuando veía un rostro o una situación que se presentaba durante el culto, me inspiraba a asegurar que se habían abarcado las demás cosas.

UN ENCUENTRO CON DIOS ME CAMBIÓ DE UNA MARTA A UNA MARÍA

De modo que en esos días todo lo que hacía era «ver a las personas» a través del típico culto de adoración. Crecí en la iglesia y el ministerio y recibí a Cristo como mi Señor y Salvador, pero Dios envió una mayor compensación en mi camino. Un encuentro con Dios me cambió de una Marta a una María en un solo día. Él no hace esto con todo el mundo, pero en mi caso, cada cosa en mi vida cambió una vez que la santa hambre alcanzó mi alma y experimenté un encuentro con el rostro de Dios. Después de eso, todo lo que hice fue ver a Dios en cualquier lugar. Ahora tengo que hacer un esfuerzo para inclinarme a los deberes de Marta en mi vida y ministerio.

Dios cambió para siempre mi aspiración y reajustó mis prioridades, aun cuando no eran malas ni erradas antes del encuentro. Dios decidió volver a priorizar mi mundo de modo que pudiera ayudar a que la iglesia volviera a priorizar sus ideas en cuanto a la adoración. Noté que Él estaba haciendo las mismas cosas con otras personas también. Algunas veces enviaba a eruditos judíos transformados a evangelizar a personas no judías, y otras veces enviaba Martas transformadas para restaurar el ministerio de María en la iglesia.

Este equilibrio divino entre la *búsqueda de Dios* y el *servicio al hombre* me recuerda el tradicional arte de Luisiana de hacer «roux», una mezcla cocinada de harina y aceite que los jefes de cocina del Sur dicen que es la esencia de toda buena comida. Esta mezcla se usa como una base y agente espesante para muchas de las sopas y salsas comunes del Sur y recetas de los cajún. Los ingredientes son pocos y simples, pero el proceso de mezclarlos para formar el roux es difícil y lleva mucho tiempo (y solo un pequeño grupo de cocineros y jefes de cocina lo han dominado).

Usted hace el roux al dorar harina en una cazuela con solo una pizca de aceite. Esto parece simple, pero se necesita alrededor de cuarenta y cinco minutos para terminar el trabajo. Si apura el proceso, terminará con un roux lleno de grumos o, incluso peor, quemará la mezcla y se verá en la obligación de comenzar de nuevo.

El arte de hacer roux es tan difícil y lleva tanto tiempo que algunos experimentados cocineros cajún en los buenos restaurantes compran su frasco de roux en las tiendas de comestibles. Es fácil preparar roux en grandes lotes comerciales, y los jefes de cocina descubrieron que el roux se puede refrigerar sin dañar su sabor ni su consistencia.

Este proceso de mezclar con suavidad y poco calor me recuerda la manera en que Dios usa a María y a Marta para compensar constantemente los pequeños desequilibrios entre ellas a fin de crear la atmósfera perfecta para su presencia. Es lamentable, pero la mayoría de nosotros prefiere comprar la mezcla ya preparada si la pudiéramos encontrar en el formato preempacado en cualquier tienda o catálogo.

El milagro de Betania ocurrió porque Marta trabajó con antelación para crear un lugar en su hogar donde la humanidad de Jesús se sintiera cómoda y acogida. Esto a su vez creó una oportunidad para que María se sentara a sus pies y ministrara a su divinidad.

Estos dos dones complementarios también recrearon la atmósfera en la casa de Simón el leproso pese a los esfuerzos de los discípulos. Jesús comió una cena preparada por una Marta transformada, pero tuvo que hacerlo aunque estaba sentado en una habitación llena de Martas del sexo masculino. Esas Martas sin transformar no tuvieron ninguna compensación por su mente estrecha en el campo natural y su propio lugar en este. Parecían consumidos con preocupaciones acerca del futuro y sobre su lugar en el reino venidero.

Después entró María y rompió su frasco de alabastro de alabanza y adoración quebrantadas para ungir al Señor por su muerte. Su sacrificio transformó la atmósfera de la habitación a pesar de las quejas y la crítica de Judas y su coro de Martas sin cambios.

Tal como era, la senda del Hijo desde Betania a la cruz fue bastante difícil. Quizá el Padre hizo una compensación especial al llevar las unciones de María y Marta a la casa de Simón a fin de que la última cena de Jesús en Betania estuviera marcada por la paz y el consuelo y el equilibrado ministerio a su humanidad y su divinidad.

¿Qué encontrará Él en su casa? ¿Convivirán María y Marta de manera pacífica? ¿Será su casa una Betania u otra Belén con «no hay lugar» para la visitación divina?

Notas

1. Véase Hechos 2.
2. Véase Hechos 6:1-7.
3. Adaptado de Hechos 6:3.
4. Efesios 4:16, DHH.
5. Proverbios 27:17.
6. Véase Juan 12:2-3.
7. Véase Hechos 1:13-14.
8. Véase Hechos 6:3-7.
9. 1 Timoteo 5:22a, NVI.
10. Véase Marcos 3:17.
11. Lucas 9:54-56.
12. Véase Hechos 13:6-12.
13. Véase Mateo 16:19.
14. 2 Corintios 12:9.
15. Véanse Mateo 22:37-38; Juan 4:23-24.
16. Véase Juan 4:5-42.
17. Juan 4:23.

Capítulo diez

La iglesia está casi siempre un poco «desequilibrada»

El pueblo de Dios puede ir de lo «sublime» a lo «ridículo»

Aunque espero que cada cristiano experimente un genuino encuentro con la manifiesta presencia de Dios, también me doy cuenta que incluso un encuentro sobrenatural *no es suficiente* para prender la llama del verdadero avivamiento en una iglesia, una ciudad o una nación.

Todos hemos nacido para ser buscadores de Dios y, por consiguiente, también captores de Dios. Cuándo Él nos permite «capturarlo» en momentos privados o reuniones públicas nunca somos los mismos. (Al igual que David nunca fue el mismo después de los encuentros de adoración en lo último de los pastos de las ovejas como un muchacho, y como rey mientras construía «la casa favorita de Dios», la única que los hombres llaman «el tabernáculo de David».)[1]

Los encuentros con la presencia de Dios nos cambian. Sin embargo, hay una visión más global y un propósito extraordinario detrás de todo esto. Nuestro Dios, «quiere que todos los hombres sean salvos», desea que más personas vengan a Él a través de Jesucristo y que nos persuada al objetivo del avivamiento.[2]

¿Qué es un verdadero avivamiento? Algunos dicen que todo lo que hace falta para el avivamiento es que Dios lo manifieste. En años anteriores también he escuchado decir a los evangelistas: «Denme una multitud de personas y les daré su avivamiento». (Estoy seguro que entregarían algo, pero estoy más que seguro que no sería el «avivamiento».)

Repito, el verdadero avivamiento es cuando Dios y el hombre se manifiestan en el mismo tiempo y en el mismo lugar. Eso pasa solamente cuando usted tiene *credibilidad en ambos campos*. Debe tener suficiente credibilidad en el campo humano para hacer que el hombre se sienta cómodo, y debe tener credibilidad en el campo divino para hacer que Dios se sienta confortable.

Un abogado que desea practicar la ley en su estado natal, así como ante el Tribunal Supremo de Estados Unidos, debe establecer las credenciales en ambos campos. El tribunal superior se enfrenta con asuntos de la ley constitucional que pocas veces, si nunca, se presentan en los tribunales locales. Los argumentos legales y la evidencia considerada aceptable allí son diferentes por completo de esas usadas en los tribunales estatales y locales, donde las leyes del estado y las ordenanzas locales son la preocupación principal.

La única manera de enfrentar ambas esferas de la ley es adquiriendo conocimientos especializados y estableciendo la credibilidad para satisfacer tanto al Tribunal Supremo de justicia en el campo de Washington y los jueces de las jurisdicciones de su estado local.

Cuando me invitan a otros países, mis anfitriones recorren grandes distancias para encontrar intérpretes especializados en inglés y los lenguajes y dialectos locales. Eso puede ser realmente un reto en una nación como India o en la América Central donde en una sola región existen muchos lenguajes diferentes o dialectos locales. Si esos intérpretes carecen de credibilidad y capacidad en ambos idiomas, la eficacia de mi ministerio en esa nación puede estar seriamente comprometida.

Un intérprete especializado es capaz de ayudar a lograr un cambio radical en una reunión al hacer que las dos partes estén cómodas: me hacen sentir bien y confiado a mí a través de sus habilidades, y hacen que la audiencia esté feliz por la fidelidad de mi mensaje que transmiten al corazón.

BUSQUE UN MODELO DIVINO
PARA CONSTRUIR SU CASA

Si usted es serio en cuanto a preparar una casa de habitación donde Dios y el hombre se sientan lo suficiente cómodos para permanecer debajo del mismo techo, busque un modelo divino en la Palabra de Dios y sígalo. Sabemos que María y Marta se las ingeniaron para hacer que Jesús se sintiera totalmente cómodo en su casa en Betania. Lo hicieron al conjugar con éxito dos prioridades al parecer conflictivas: *María atendió su divinidad mientras que Marta atendió su humanidad.*

Fue a través del cuidadoso acomodamiento de dos campos que María y Marta hicieron su casa en Betania un lugar de reunión donde Dios y el hombre se unieran en una atmósfera de hospitalidad y adoración. Hasta donde sé, esta es la única casa mencionada en el Nuevo Testamento que se convirtió en el acostumbrado lugar de descanso de Jesús.

Había «algo bueno» en cuanto al lugar de María y Marta que atrajo a Dios a traspasar la puerta para largas estadías. Parece que el modelo Betania de cambiar la dirección de la divina visitación en divina morada es la única manera de poner realmente *en contacto la humanidad de su comunidad con la divinidad en su casa.*

Debemos hacer cualquier cosa para convertir la iglesia en un tipo de Betania, unas personas con el corazón de Betania, y una familia marcada con el tipo de amor y hospitalidad de Betania. Cada uno de nosotros debe aprender la manera de buscar a Dios mientras servimos al hombre, de adorar la Divinidad mientras servimos también a la humanidad.

¿DÓNDE ESTÁ EL EQUILIBRIO: EN LA ACTIVIDAD SOCIAL O EN LA PASIÓN ESPIRITUAL?

Por lo general, la iglesia está un poco desequilibrada porque sin cesar se divide entre lo práctico y lo espiritual. La mayoría de las iglesias tienden a inclinarse hacia un lado o el otro; o son *activas en lo social* o *apasionadas en lo espiritual.* Es muy raro que encuentre una iglesia que se las ingenie para ser las *dos*, y cuando la encuentra, descubre un ambiente poco común. Si este es el tipo de lugar en el que Dios y el hombre se sienten cómodos, también es el tipo de lugar en el que es más probable que se manifieste el verdadero avivamiento.

Si Dios está cómodo allí, esa iglesia tiene una genuina credibilidad en los cielos. Si el cuerpo de la iglesia siente compasión por la humanidad de manera abierta y activa, disfruta de credibilidad en la tierra. Dios está buscando «casas de Betania» modernas que tengan la credibilidad en *ambos* campos.

El verdadero avivamiento no ocurre simplemente porque Dios se manifiesta. Es obvio que el avivamiento nunca ocurrirá *a menos* que Él venga, pero tiene que preguntarse: ¿Por qué el avivamiento no aparece de repente y por qué miles de personas no acuden en masa al lugar en el que usted lo encontró a Él?

Recuerdo que asistí y ministré en una reunión con solo cuarenta personas donde tuvimos un verdadero encuentro con Dios. Su presencia era tan tangible que lo único que deseábamos era estar allí para siempre. ¡El problema era que al parecer nuestro encuentro no repercutió en otros aparte de las personas que estaban allí! Atesoro esos encuentros con la presencia de Dios, pero estoy convencido que Dios quiere más… y yo también. No quiero menos que el genuino avivamiento pase rápidamente por encima del mundo *fuera* del edificio de la iglesia.

El verdadero avivamiento no ocurre porque un montón de personas se manifiestan en una reunión. Las multitudes masivas de personas se manifiestan en todo tipo de cosas cada día: se reúnen para ver un circo y sus espectáculos secundarios también. Se congregan para carreras de carros de colección, carreras de perros, espectáculos de gatos, peleas ilegales de perros, para competencias de boxeo, juegos de béisbol de las Ligas Menores, juegos de baloncesto, juegos de fútbol del preuniversitario, competencias de jockey sobre el hielo, desfiles de todos los tipos, grandes inauguraciones, Martes de Carnaval [Mardi Gras] y la lucha libre profesional. Ninguna de esas reuniones es una razonable definición de avivamiento. Tienen un montón de personas, pero muy poco de Dios.

El avivamiento nunca se ha definido como una masa de la humanidad reunida en un lugar por un propósito. Si ese fuera el caso, las masas de la humanidad reunidas alrededor de la torre de Babel fueron en realidad una reunión de avivamiento.[3] Yo no creo eso.

EL VERDADERO AVIVAMIENTO
OCURRE EN EL PUNTO INTERMEDIO

Betania representa el punto intermedio, el lugar en el que Dios y el hombre se encuentran en una atmósfera de comodidad mutua. A Jesús siempre le gustó el punto intermedio, de modo que no es un accidente que el verdadero avivamiento ocurra allí.[4]

Jesús murió en el medio de la cruz mientras colgaba entre el cielo y la tierra como una viviente intersección, la Puerta entre la existencia humana y la eternidad. Cuando la manifiesta presencia del que da el avivamiento invade las reuniones llenas con personas hambrientas, Él se convierte en la intersección entre la humanidad y la Divinidad y produce lo que llamamos avivamiento.

Como hemos notado antes, la cruz de Cristo describe el divino equilibrio que todos buscamos, donde la compasión por la humanidad en el madero horizontal de nuestra vida se intercepta con la pasión por la Divinidad en el madero vertical de la eternidad. Sin embargo, la cruz está plantada profundamente en el suelo de la existencia diaria en el planeta Tierra. Por esa razón, creo que *el verdadero avivamiento es cuando Dios y el hombre se manifiestan en el mismo tiempo y lugar.*

Es lamentable, pero la mayoría de nosotros evita profundizar mucho en la dimensión vertical o ir demasiado lejos en la dimensión horizontal. Es más, por lo general no «vamos» del todo.

Si nuestras apariencias externas no significan nada (y dudo que sí lo hagan), la mayoría de las personas en la iglesia en un fin de semana lo único que hacen es asentir a los vistazos en la dirección de Dios. La verdadera y santa hospitalidad nos guiará a profundos compromisos y a esa temible palabra de siete letras: t-r-a-b-a-j-o. Las verdaderas Martas estarán activas en el trabajo de la Escuela Dominical, el culto para niños, el ministerio de hogar de ancianos y los programas por el Día de las Madres, pero la mayoría de nosotros no.

LAS VERDADERAS MARTAS TRABAJAN; LAS FALSAS MARTAS HABLAN

Si en verdad fuéramos Martas, alimentaríamos y vestiríamos al pobre. Nos encontrarían dedicando gran parte de nuestro tiempo y energías en preparar todo tipo de programas externos en nuestras ciudades y alrededor del mundo. Al menos, se encontraría con nosotros los sábados para limpiar el edificio de la iglesia, preparando las bandejas de la comunión para el siguiente culto o tostando cacahuete para financiar futuros viajes misioneros. Sin embargo, puesto que la mayoría de nosotros no somos verdaderas Martas, es probable que usted no nos vea en nada. Esos que se presentan van a hablar antes que trabajar.

Tenemos todas las formas de Martas, mientras adolecemos del arduo trabajo y la dedicación que se encuentran en el verdadero concepto. Hacemos solo lo suficiente, casi siempre a través de las modestas o mínimas ofrendas financieras dejadas en el plato de la ofrenda, para mantener la apariencia del ministerio de una Marta. Tenemos su manera de hablar, pero no su manera de caminar.

De modo que si no somos verdaderas Martas, eso significa que somos en realidad Marías, ¿no es así? Quizá. Todavía tenemos el hábito de echar una ojeada a nuestros observadores cuando ciertas personas participan más profundamente en la adoración y oran más que nosotros. Muchos en nuestros cultos enfrentan un verdadero peligro de desarrollar «codo de tenista» de mirar el reloj cuando el culto de adoración se extiende más allá de la aceptable hora del mediodía.

Lo cierto es que la mayoría de nosotros mantiene solo la fachada en nuestros planeados cultos de adoración para dar la impresión que somos personas verdaderamente espirituales. (En realidad, algunos admiten que la única cosa en lo que son en verdad religiosos es en la puntualidad al salir por la puerta.)

DESCRIBA SUS PASIONES, REVELE SU ALMA

En general, ¡parecemos más apasionados por nuestros pasatiempos y deportes favoritos y actividades de recreación que por el Señor, la iglesia o nuestro cónyuge! He notado que muchos hablaríamos hasta el cansancio acerca de la extravagante adoración de María por la divinidad de Jesús o del concentradísimo ministerio de Marta en su humanidad. Sin embargo, nunca he escuchado a alguien acusar a una de las dos hermanas de albergar el error con el que tropezamos la mayoría de nosotros: *la arrogante apatía.*

Durante varios años, he llevado una carga por este libro, pero no sentí la liberación de escribirlo hasta que el Espíritu Santo me confirmó de manera específica el momento oportuno. Al mismo tiempo sentía una creciente frustración en la iglesia. Parece que todos nos hacemos la pregunta de diferentes maneras: *«¿Cómo encuentro el balance entre la apasionada adoración a Dios de María y el ministerio al hombre de Marta?»*

No digo que tenga todas las respuestas, pero si logro estructurar las adecuadas preguntas, las personas encontrarán su propio camino a la verdad. Francamente, oro que este libro ponga en marcha una tormenta de fuego de Betanias donde María y Marta firmen un tratado de paz y digan: «Vamos a trabajar juntas en la misma casa de modo que el poder de la resurrección venga a nuestra ciudad».

¿CÓMO EDIFICA LA CREDIBILIDAD CON DIOS?

Hacemos que Dios esté «cómodo» mediante la provisión de *muebles* y *alimentos* adecuados para la morada de la Divinidad. En *La casa favorita de Dios*, conté la historia de un amigo con un aparente trastorno genético que le provocaba una obesidad enorme.

Su inmensa talla y peso hizo que le resultara molesto visitar las casas de sus amigos porque ninguna tenía muebles diseñados de manera específica para soportar su peso. Después de algunas tristes experiencias con muebles rotos y un corazón quebrantado, aprendió a mirar desde la puerta si había muebles lo bastante fuertes para soportarlo antes de entrar a una casa para una visita. Por lo general, mi amigo daba a su presunto anfitrión alguna excusa, pero él me dijo: «La verdad es que me voy porque no hay muebles en su casa que me puedan sostener».[5]

La palabra hebrea traducida como «gloria» en el Antiguo Testamento es *kabód*. Su significado literal es «peso o pesado esplendor».[6] En el libro investigo lo siguiente: «*Me pregunto, ¿cuántas veces la «pesada gloria» de Dios nos ha visitado sin entrar?* ¿Qué tan a menudo Él se para en la puerta de atrás de nuestras asambleas con su gloria todavía cubierta por su "sombrero y su abrigo" mientras revisa el cuarto buscando un lugar en el que sentarse?»[7]

En el Antiguo Testamento, el tipo y la sombra del «asiento de Dios» es el propiciatorio ubicado en medio de los querubines en el arca del pacto. La gloria de Dios descendería a este lugar entre las alas extendidas de los querubines y permanecería allí.

David detalló la realidad espiritual detrás de la representación natural cuando le dijo a Dios: «Tú reinas, alabado por Israel».[8] Esto nos puso justo detrás en la posición de María a los pies de Jesús. Así es como María creó el «mobiliario» tan cómodo para la Divinidad, que el Hijo de Dios prefirió ese trono de apasionadas lágrimas a todo trono de oro y piedras preciosas en la tierra.

¿CÓMO «ALIMENTA» A DIOS?

Si nuestras alabanzas crean un propiciatorio para la morada de Dios, ¿cómo lo «alimentamos»? Una vez más, Jesús usó el sacrificio de María en una comida pública para demostrar cuánto le atrae el hambre y la necesidad del corazón humano.

Como innumerables pastores, ancianos y diáconos en la iglesia de hoy, los discípulos se pusieron nerviosos cuando vieron esa hambre descarnada de Dios, y dijeron: «¡Que alguien detenga a esa mujer!» Pero Jesús intervino y dijo: «No, al fin *alguien está haciendo algo que es bueno*. ¡No se atrevan a detenerla!» La iglesia no tiene lugar para las

Marías con vasos de alabastro, porque ellas nos ponen nerviosos a todos los demás cuando comienzan a demoler o a desechar su gloria, su orgullo y su ego justo aquí «enfrente de todo el mundo».[9]

El encuentro del Señor con la samaritana en el pozo de Jacob nos enseñó que Dios busca adoradores.[10] Sin embargo, hay otros niveles de adoración y hambre revelados en el ministerio de María a Jesús que puede transformar nuestras casas de adoración en casas de morada divina.

Si Él escucha el ruido que hace al romperse su vaso de alabastro con sus tesoros personales; si nota el sonido cuando se inclina para colocar de lado su propia gloria, lo detendrá en medio de cualquier actividad, porque Dios no puede pasar de largo por el lado de un corazón contrito y humillado. Él va a remover cielo y tierra, justo para visitarlo.

Si quiere saber por qué algunas iglesias llegan al avivamiento, o por qué algunas personas alcanzan la intimidad con Dios y las multitudes no, la respuesta es que *son personas quebrantadas*. El quebrantamiento de corazón captura la atención de Dios, y esto ocurre cuando su amor por Él supera su temor del qué dirán o de la opinión de los demás.[11]

¿POR QUÉ NUNCA VEMOS EL AVIVAMIENTO?

Si el verdadero avivamiento viene cuando Dios y el hombre se manifiestan al mismo tiempo y en el mismo lugar, debemos tener suficiente sensibilidad para comprender el porqué tantas iglesias y ministerios no ven nunca el avivamiento.

He estado rodeado de algunas personas que dan muestra de una poco común habilidad para percibir la verdad espiritual, declarar el propósito divino y revelar una profunda comprensión del camino y la naturaleza de Dios. Sin embargo, las mismas personas casi no se pueden relacionar con las personas «normales». Es muy difícil mantener una amistad con ellas porque no contribuirán en nada al esfuerzo. Son capaces de enojar a más personas por accidente que yo a propósito... ¡y yo soy bastante bueno en esto!

¿Por qué es tan difícil estar rodeados de ciertas personas «demasiado espirituales»? El problema es que no tienen la credibilidad en el campo humano porque al parecer se preocupan poco de si otros viven o mueren, prosperan o perecen. Ven a las demás personas como molestas distracciones de sus búsquedas personales.

Una de las personas que me enseñó bastante acerca de las cosas profundas del Espíritu es probable que se ajuste a esta categoría. La primera vez que entré a una habitación para encontrarme con él, se volvió a su nieto y dijo: «¿Es este con quien tengo que hablar?»

Acababa de volar la mitad del país para pasar apenas una tarde con este gran hombre de profundos conocimientos espirituales, pero en ese momento me sentía más como un estorbo que un compañero en el ministerio de la fe. Nos reunimos, sin embargo, y nos convertimos en buenos amigos.

Este hombre era de avanzada edad y yo sabía que no estaba siempre tan distante de las personas. Experimentó increíbles encuentros espirituales en una vida llena de riesgos y de fe ejercitada en el ministerio que impactó el mundo, y yo estaba agradecido por la oportunidad de recibir de él. No obstante, en ese momento de su vida tuve que buscarlo antes que él me buscara a mí.

SI CONOCE A DIOS, DEBE LOGRAR QUE LE CONOZCAN

La iglesia siempre se ha enfrentado a las muchísimas atracciones de la intimidad con Dios para la exclusión de todo lo demás. La escuela de pensamiento ascético sostenía que el más alto servicio a Dios se hacía en total separación de todas las distracciones mundanas. Durante siglos, los mismos monjes se aislaban de la humanidad en una búsqueda por la intimidad con la Divinidad. Aunque dieron lugar a muchas obras notables y conocimientos profundos, su habilidad para influir en la humanidad fue prácticamente nula. *Si conoce a Dios, debe lograr que le conozcan.*

Se supone que la sal, como un aditivo y preservativo de alimentos, influya en cualquier cosa que toque. Me parece recordar a Jesús diciendo: «Ustedes son la sal de este mundo. Pero si la sal deja de estar salada, ¿cómo podrá recobrar su sabor? Ya no sirve para nada, así que se la tira a la calle y la gente la pisotea».[12]

Si Dios puso algo en usted para que le pase a otros, pero se aparta y aleja de la sociedad de modo que nunca influye en nadie, ¿cuán bueno es usted? Puede adorar a Dios todo el día, ¿pero qué si Él está tratando de decirle: «En realidad, me gustaría ver algo de la gloria que derramé en ti liberarse y esparcirse sobre alguien más. Tú eres mis manos y pies en la tierra, así que lleva mi presencia contigo al mundo de los hombres»? Recuerde las palabras de Abba Silvano, el monje del siglo cuarto que cité antes en el libro, cuando le dijo a su discípulo demasiado espiritual: «María necesita a Marta. En realidad, hay que agradecerle a Marta que María esté alabando».[13]

Sabrán que tienen la credibilidad de los hombres cuando puedan llamar a la humanidad para que venga a visitar su casa y la respuesta sea: «Podemos confiar en ellos. ¿Por qué? Porque nos alimentaron cuando tuvimos hambre y nos vistieron cuando tuvimos frío. Nos dieron refugio cuando estábamos en necesidad y nos cuidaron cuando estábamos enfermos. Incluso, nos visitaron en la prisión cuando ningún otro se preocupaba si estábamos vivos o muertos».[14]

«A LA IGLESIA NO LE IMPORTAMOS LO MÁS MÍNIMO»

Algunas iglesias nunca influyen en sus comunidades. Les dan a las personas que viven en ellas una impresión distinta que dice, en efecto: «A la iglesia no le importamos lo más mínimo. De lo único que se ocupan es de Dios, y parece que Él no tiene interés en nosotros ni la gente que dice ser su pueblo lo demostraría». Esas iglesias no tienen la credibilidad con sus comunidades porque no tienen obras que respalden sus palabras.

Les piden a las personas en sus comunidades que coman en su Casa del Pan sin brindarles ningún incentivo para investigar, ni ninguna prueba de su habilidad para cocer al horno lo auténtico.

Pregúntele a alguien que se crió cerca de una panadería: «¿Qué es lo que más recuerda del aire de la mañana en su vecindario?» Supongo que la respuesta será: «Recuerdo el olor del pan recién horneado y de los dulces. Era como entrar a una panadería cada mañana cuando salía. Sí, no hay nada como unas rosquillas frescas en la mañana…»

Imagínese viviendo junto a una panadería que *no* produce la fragancia del pan recién horneado. Aun peor, ¿qué me dice si esa panadería produjo olores de aceite rancio o quemado, el olor industrial de los líquidos limpiadores o el hedor de la basura descompuesta?

PRETENSIONES A TRAVÉS DE CARRETERAS POCO CONOCIDAS

Las iglesias que están faltas del fruto básico del amor de Dios en acción son como esos raros establecimientos de comidas que se ven por las carreteras poco conocidas que presumen de experiencias en estilos de cocina sin relación alguna con su nombre, local o aparentes calificaciones.

Lo pensaría dos veces antes de llevar a mi familia a una suntuosa comida en «Casa Bubba de Auténtica y Excelente Comida Francesa» en Toadhead, Arkansas, o «Tacos McGruder y Salchichón de Cabaña» en Hampton, Virginia.[15] (En general, también evitaba casi *cualquier* entremés de «Genuino Cajún» en restaurantes localizados fuera de Luisiana, a menos, por supuesto, que un expatriado cajún de Luisiana fuera el cocinero. Incluso entonces, como un nativo de Luisiana, tengo que preguntar por qué un verdadero cajún dejaría las regiones celestiales del hogar por cualquier otra parte.) En el alimento y en la fe, la *credibilidad* realmente importa.

Hace casi veinte años, mis buenos amigos, Bart y Coralee Pierce, fueron a Baltimore, Maryland, para comenzar una iglesia. Bart comentó que el Señor les dijo: «*Si se preocupan de los que nadie quiere, les enviaré a todos los que están después*».[16] Tiene sentido, ¿no es así?

El pastor Pierce comenzó ministrando a los drogadictos, a la gente de los bajos fondos y a los indigentes que ningún otro deseaba. Pronto les siguieron los milagros y las cosas comenzaron a mejorar en la ciudad. Al poco tiempo los indigentes comenzaron a venir también.

Cuando las personas ven que es compasivo con la humanidad, rápidamente se darán cuenta de que pueden confiar en usted porque tiene *ganada* credibilidad en su campo mediante el respaldo de sus palabras con obras.

LA GRAN PASIÓN PRODUCIRÁ GRAN COMPASIÓN

En los últimos años, he dedicado la mayor parte de mis energías para crear hambre por la presencia de Dios en la iglesia, pero soy dolorosamente consciente de que fracasaremos si nuestra cada vez mayor *pasión* por Dios no produce una *compasión* cada vez mayor por el hombre.

Por esta razón, estoy convencido de que no tenemos derecho a censurar el aborto hasta que no ofrezcamos una solución práctica. No le podemos decir a las adolescentes: «No, ustedes no deberían abortar a sus bebés», a menos que voluntariamente digamos: «Sí, cuidaremos de ustedes al brindarles viviendas, cuidado prenatal y cubrir los costos totales de los nacimientos. Luego les ayudaremos a encontrar buenos candidatos a fin de brindarle un amoroso hogar al bebé».

Si una iglesia de los barrios pobres del centro de la ciudad está cansada de la prostitución que merodea en las esquinas, debe estar preparada para apoyar su mensaje bíblico de pureza sexual y arrepentimiento del pecado con una igualmente fuerte propuesta de aceptar, proteger y discipular a esas que quieren liberarse del comercio de la calle.

Las iglesias suburbanas cansadas de ver a su juventud de lleno en las drogas deben estar preparadas para hacer algo positivo con relación al problema. Los departamentos de policía ponen en marcha unidades especiales para investigar, infiltrar y eliminar la notoriedad de los segmentos del crimen. Sin duda, la iglesia puede ser de igual modo agresiva y centrada. Tenemos la mente de Cristo, no cabe duda que podemos encontrar soluciones creativas y eficaces a los problemas del pecado en nuestra comunidad.

Hasta que la iglesia no venga al lugar en que la divina pasión y la humana compasión se encuentren, habrá una credibilidad erosionada. No se logra nada cuando simplemente señalamos el problema sin brindar sólidas soluciones.

El pastor Pierce dijo: «Estoy convencido que la búsqueda de los "desechados", los marginados y los destituidos de la sociedad, los que "nadie quiere", es fundamental para el evangelio. Sin duda, es una definida característica de los verdaderos seguidores de Cristo».[17]

JESÚS FUE ESPIRITUAL Y PRÁCTICO

Jesús estableció un precedente de valorar piadosamente la acción al menos tanto como valoramos nuestras reuniones y principios de vida piadosa. Dos veces en el Evangelio de Lucas, Jesús contestó a las represiones de los líderes por sanar a las personas en un día religioso cuando ellos pensaban que Él debía dedicarse a actividades puramente religiosas. Dijo:

Hipócritas, ¿no desata cualquiera de ustedes su buey o su burro en sábado, para llevarlo a tomar agua? Pues a esta mujer, que es descendiente de Abraham y que Satanás tenía atada con esta enfermedad desde hace dieciocho años, ¿acaso no se la debía desatar aunque fuera sábado?[18]

En el sentido de que María y Marta eran un *equipo*, es cierto que la ayuda al herido es tanto un acto de adoración como cualquier otro. ¿Cómo podemos esperar que las personas acepten nuestro ofrecimiento de suplir alimentos para sus almas si no confían en nosotros para brindarles alimentos para sus cuerpos?

No me refiero a que tenga que alimentar a todo el mundo que viene con una historia y bastante alcohol en su aliento para encurtir un pepino mientras está todavía en la enredadera. Aprendí esta lección de mala manera cuando era joven y ayudaba a mi papá en De Ridder, Luisiana. Mi papá era el pastor y yo lo ayudaba en todo lo que podía.

Mi lección vino después que los borrachos de los alrededores de la ciudad descubrieron que no me importaba el dinero. Cada vez que uno de ellos golpeaba en la puerta de la iglesia, le daba cinco dólares. (Actuaba según la Escritura que dice: «No se olviden de practicar la hospitalidad, pues gracias a ella algunos, sin saberlo, hospedaron ángeles».)[19] No tenía una gran cantidad de dinero así que decidí extender el ministerio usando el fondo de caja chica de la iglesia.

REVISIÓN DEL ALIENTO DE LOS ÁNGELES

Un día mi papá vino y me dijo: «Hijo, dicen que le estás dando dinero a todo el que viene a la puerta de la iglesia». Por ese tiempo estaba distribuyendo un montón de dinero cada semana. Respondí: «Claro, papá, ya sabes… quizá sea un ángel». Él sonrió y replicó con su característico humor: «Tú sabes, hijo, que dudo seriamente si un ángel apesta a alcohol». Con un guiño añadió: «Pudiera ser, pero no lo creo». Después de eso evalué a todos mis visitantes desamparados por el estatus de ángel mediante el mismo criterio: olía su aliento. Parece un tonto error, pero de todas maneras Dios me bendijo en esto porque sentía compasión por esos hombres.

Si usted pierde su habilidad de ser compasivo hacia el hombre, su capacidad para que Dios lo use en el mundo es limitada, no importa cuán apasionado se convierta hacia Dios. ¿Por qué?

Hace falta *tanto* una María como una Marta para atender la Divinidad y la humanidad *bajo un mismo techo*. Dios quiere el compañerismo con la humanidad, y esta necesita desesperadamente el compañerismo con la Divinidad. *Nuestras vidas e iglesias se convierten en el lugar de reunión en el sitio donde la pasión y la compasión se encuentran en el nombre de Dios.*

La humanidad está buscando a ciegas su perdida herencia espiritual y hogar. Jesús expresó el problema terrenal de la Divinidad cuando dijo: «Las zorras tienen madrigueras y las aves del cielo nidos, pero el Hijo del Hombre no tiene dónde recostar la cabeza».[20] Algunas iglesias han aprendido a cómo crear un lugar en el que el hombre pueda descansar, y pocas han aprendido a cómo crear un lugar en el que Dios pueda encontrar reposo. Dios está buscando un lugar en el que la Divinidad y la humanidad descansen juntas. El Edén se perdió hace mucho tiempo; está en nuestras manos *restaurar el jardín de Dios en nuestras iglesias, un lugar en el cual Dios y el hombre caminen y hablen juntos.*

SU CANSADA CARNE PUEDE ESTAR SENTADA

Hemos notado a lo largo del camino que la intersección de la pasión por Dios y la compasión por el hombre puede dar algunos giros interesantes *en nuestros cultos*. Cuando estaba predicando en una gran conferencia a la que asistían miles de personas, el pastor anfitrión se inclinó y dijo:

—Siento como si estuviéramos en cierto modo atascados en un punto espiritual en este culto. Me parece como si no pudiéramos avanzar al siguiente nivel.

El culto de adoración estaba ungido, pero ya las personas llevaban paradas por casi dos horas, de modo que dije:

—Dígales que se sienten.

—¿Quiere decir que desean terminarlo?

—No, están cansados —dije—. ¿Recuerda en el segundo capítulo del libro de Hechos cuando el Espíritu Santo descendió tan ardiente y pesado que prendió fuego en el cabello? Examine con más detenimiento el pasaje. *Estaban sentados*.

—Pues bien —dijo el pastor—, no quiero deshonrar lo que está haciendo el Espíritu Santo.

Comprendí lo que el pastor decía, pero comenté:

—Usted no deshonrará a Dios. Subiré a la plataforma y le permitiré a la gente que se siente.

Entonces les dije a las personas que mantuvieran su postura espiritual mientras estaban sentadas, y de repente sentimos que aumentó el nivel de la presencia de Dios en la habitación. Estaban físicamente cansados, pero seguían deseando la búsqueda.

No podemos pasar por alto el factor humano en nuestra búsqueda colectiva de la presencia de Dios. Hay muchos líderes cristianos que tienen la habilidad de guiar a las personas a adentrarse en el campo del Espíritu Santo. El problema es que muchos de ellos caen en el incoherente síndrome del desfile. Están tan desencaminados al frente del desfile del buscador de Dios que dejan a las personas detrás.

HAMBRE POR DIOS, HAMBRE POR DESCANSAR

Cada ministro y líder de adoración debe recordar que a veces las personas de verdad se cansan (incluso Jesús tuvo que tomar recesos). La mayoría de las personas trabajan ocho horas en su empleo o quince horas en la casa antes de llegar a la reunión del viernes por la noche. Sus espíritus están hambrientos de Dios, pero es posible que sus cuerpos estén hambrientos por el descanso; de modo que debemos estar al tanto de su hambre en ambos campos.

Jesús siempre se daba cuenta del cansancio de sus seguidores. Él mismo se encargó de cocinarles pescado a la brasa a los cansados discípulos en la playa.[21] Al menos dos veces, Jesús estuvo muy al tanto de la humanidad de las multitudes que lo seguían a las regiones desérticas que interrumpió su enseñanza para atender su fatiga física y su hambre. Cada vez les dijo que se *sentaran* mientras disponía un milagro para alimentar a miles

usando algunos pescados y panes.[22] Jesús comprendió que hace
falta la pasión de María por la Divinidad y la compasión de
Marta por el hombre para crear la atmósfera adecuada donde
Dios y el hombre se sienten juntos.

EVITE LO DURADERO PARA OBTENER LO ETERNO

Nunca puede colocar personas donde son incapaces de ir
físicamente. Del mismo modo que es poco probable que un
abuelo de setenta y seis años de edad y con artritis escale alguna
vez la cumbre del monte Everest, es casi imposible llevar a la
gente a la presencia de Dios cuando sus estómagos están gru-
ñendo y la temperatura es de cincuenta y cuatro grados centí-
grados. Las cosas cambiarán con rapidez si erige un refugio para
bloquear el sol, darles un lugar para sentarse y alimentarlos. Si
Jesús lo hizo, nosotros también podemos hacerlo. De una
manera sencilla, mi abuelo acostumbraba decir: «Un sermón
no tiene que ser duradero para ser eterno».

Estoy convencido de que Dios desea que seamos normales
y sobrenaturales al mismo tiempo. En mi opinión, la casa de
María y Marta presentaba una combinación perfecta de que las
dos y juntas hicieron que Jesús se sintiera completamente
cómodo bajo su techo. La combinación era sencilla: María
atendía su divinidad mientras Marta atendía su humanidad.

Es difícil alimentar el alma del hombre cuando su estómago
se está quejando, y es casi imposible hablarle a una familia acerca del amor de Dios cuando están tiritando en el frío sin ropas
ni abrigos secos. La iglesia está rodeada por la humanidad herida y cada necesidad es una oportunidad para el ministerio milagroso.

Servimos un Maestro que con claridad dijo que Él no vino
a curar a los que están completos, ni alimentar a los llenos, ni
sanar a los saludables.[23] Si nuestro objetivo es aceptar y reclutar
solo a los que están completos, los llenos y saludables, es posible
que perdamos al Único visitante que necesitamos más que ningún otro.

Por otra parte, si nos atrevemos a buscar a Dios mientras servimos al desagradable y al indeseado, no cabe duda que veremos entrar en nuestra presencia a otro Visitante. A Él no le da vergüenza que le atraiga la necesidad humana ni el hambre espiritual.

Notas

1. Para más detalles acerca de los encuentros que cambian vidas que guió a David a construir «la casa favorita de Dios», véase el primer capítulo de mi libro *La casa favorita de Dios*, Editorial Unilit, Miami, FL, 2000, pp. 4-8.

2. 1 Timoteo 2:4a.

3. Véase Génesis 11:1-9.

4. Para más información acerca de la importancia de que Dios se coloca en el punto intermedio, véase «Part 1: Preserving the Middle Ground» [Primera parte: «Conservemos el punto intermedio»] en mi libro: *Ansewring God's Prayer: A Journal With Meditations From God's Dream Team* [Respuestas a la oración de Dios: Un diario con meditaciones de *El equipo soñado por Dios*], Regal Books, una división de Gospel Light, Ventura, CA, 2000, pp. 13-24. Este diario de oración y meditación personal se escribió específicamente para acompañarlo a mi libro: *El equipo soñado por Dios: Una llamada para la unidad*, Editorial Unilit, Miami, FL, 1999.

5. Tommy, *La casa favorita de Dios*, p. 61.

6. James Strong, *Nueva Concordancia Strong Exhaustiva*, Editorial Caribe, Inc., una división de Thomas Nelson, Inc., Nashville, TN—Miami, FL, 2002, **gloria**, #H3519, #H3513.

7. Tenney, *La casa favorita de Dios*, p. 61.

8. Salmo 22:3b, DHH. Le animo a que lea *La casa favorita de Dios* para un estudio profundo del papel de la adoración y la alabanza en el reino de Dios y la manera en que entronizamos a Dios en nuestras reuniones corporativas.

9. Tommy Tenney, *En la búsqueda de Dios*, Editorial Unilit, Miami, FL, 1999, p. 168.

10. Véase Juan 4:23.

11. Tenney, *En la búsqueda de Dios*, Editorial Unilit, Miami, FL, 1999, p. 173.

12. Mateo 5:13.

13. Este pasaje aparece en la conclusión de una historia citada en el capítulo 3. Además de la cita mencionada en ese capítulo, apareció en un artículo de Dennis Okholm, profesor de teología en la Universidad Wheaton, impreso en *Christianity Today* [Cristianismo Hoy], 4 de septiembre de 2000, p. 66. (Se desconoce el título del artículo.)

14. Véase Mateo 25:31-46 para una sentencia incluso más fuerte pronunciada por nada más y nada menos que el mismo Jesús.

15. Esos supuestos establecimientos son producto de mi imaginación, y los lugares se escogieron únicamente por sus ubicaciones geográficas lejos de las regiones reconocidas por los estilos de cocina mencionados. Si en realidad existen restaurantes que llevan esos nombres, les pido disculpas y espero que usted sea más capaz de apoyar sus opiniones que la mayoría de nosotros en la iglesia pueden apoyar las nuestras.

16. Bart Pierce, *Seeking Our Brothers: Restoring Compassionate Christianity* [En busca de nuestros hermanos: Restauremos el cristianismo compasivo], Fresh Bread, un sello de Destiny Image Publishers, Shippensburg, PA, 2000, p. 3.

17. Pierce, *Seeking Our Brothers*, pp. 3-4.

18. Lucas 13:15-16, DHH. Véase también Lucas 14:5.

19. Hebreos 13:2, NVI.

20. Mateo 8:20, LBLA.

21. Véase Juan 21:3-13.

22. Véanse Mateo 14:19; 15:35.

23. Véase Mateo 9:12-13.

Capítulo once

Efectos de la proximidad

Los beneficios secundarios de vivir cerca de una «Betania»

Haga un viaje a través de cualquier parte de Estados Unidos, de Canadá y otros lugares del mundo, y observe por los carteles que lo que ciertos pueblos dicen ser es tan especial que no puede perderse la oportunidad de visitarlos. Los carteles aparecen en lugares insólitos.

Quizá digan: «Vea el lugar de nacimiento de Lincoln», «El honroso hogar del presidente Fulano de tal» o «Aquí se sepultó a Jesse James». Otros instan a que visite sitios históricos tales como «el lugar de la batalla de Gettysburg», «el lugar de la última posición de Custer», «la misión de El Álamo», «el sitio de la batalla de Waterloo» (en Bélgica), o «el lugar del *Puente sobre el río Kwai*» (en Kanchana Buri, Tailandia).

La lista parece interminable, pero el propósito siempre es el mismo. Algo sucedió o alguien pasó por esos pueblos, ciudades y lugares geográficos que transformaron la historia. Por alguna razón el acontecimiento, la persona y el lugar estarían ligados al futuro en el recuerdo.

Un amigo mío dijo que durante sus años en la universidad tenía la costumbre de comer al menos dos veces a la semana en un pequeño coche restaurante que tenía una caricatura del tamaño de la pared montada detrás del mostrador. El coche restaurante era famoso porque un renombrado caricaturista sindicado hizo su orden en ese mostrador muchos decenios antes mientras esperaba a su hijo que asistía a una universidad cercana.

El caricaturista le dibujó al propietario un boceto de su personaje con marca registrada diciendo: «Cuando estoy en Columbia, yo como en Joe» o algo por el estilo. No pasó mucho tiempo antes que el dibujo se duplicara en la pared del frente y se consagrara en el letrero del local. Ese pequeño coche restaurante gozó de decenios de notoriedad y publicidad gratuita de un fugaz momento de fama permanente solo por el tiempo de una comida.

Imagine por un momento cómo cambiaría su vida si María y Marta vivieran al lado suyo y Jesús pasara por su casa cada vez que visite a las hermanas de Betania. ¿Cuáles fueron los beneficios secundarios que la aldea de Betania recibió simplemente porque al Hijo de Dios le gustaba visitar a dos hermanas y un hermano que vivían allí?

Considere el pasaje de la Escritura que dice: «Y hay también otras muchas cosas que hizo Jesús, las cuales si se escribieran una por una, pienso que ni aun en el mundo cabrían los libros que se habrían de escribir».[1]

¿Cuántos milagros se hicieron (pero que no se registraron) en los alrededores de Betania solo porque la doble naturaleza de nuestro Salvador se sintió cómoda quedándose en la casa de María y Marta? Cada vez que la Divinidad pasaba por la casa de María y Marta (y es evidente que esto ocurría a menudo), su compasión por la humanidad iba con Él. ¿Recuerda que Él pasara junto a un niño enfermo sin que este lograra sanidad y consuelo? ¿Cuántas veces el Hombre de compasión pasaría cerca de una abuela ciega que vivía al lado, antes que se detuviera para restaurarle su visión y demostrarle el amor de Dios?

¿CUÁN GRANDE ES SU SOMBRA POR DIOS?

He contado que la tradición rabínica enseña que la unción o influencia de un hombre solo va más allá de la sombra que alcanza. Eso implicaría lo superior de su posición (o nuestro punto de vista, lo cercano que está del Hijo), su mayor influencia. La Biblia está llena de referencias que relacionan la sombra de una persona con su autoridad para ofrecer refugio y protección, para influir y contribuir en la vida de otros.[2]

Nadie proyecta una «sombra» mayor que Jesús. Cuando lo clavaron en la cruz y lo colgaron en lo alto del monte llamado

Calvario, proyectó una sombra que se extendió en todo el camino desde antes del comienzo de la creación hasta más allá del fin del tiempo. Esa es una gran sombra de influencia.

¿Se imagina a Jesús despertando en las mañanas para pasar por Betania a fin de entrar en la casa de morada de María y Marta? ¿Qué tipo de oleada de poder arrasó ese lugar cuando el Hijo de Dios llegó al pueblo? ¡Esto hace que me pregunte si quedó alguna persona enferma en Betania! La casa de María y Marta debe haber sido uno de los lugares más populares y conocidos en la región. Sabemos que al menos una pieza de una casa no sobrevivió a su visitación.[3] (Las personas desesperadas piensan que no es nada arrancar el techo de una casa solo para lograr lo Excelente.)

¿Cuáles son los beneficios secundarios de cualquier aldea, pueblo o ciudad donde alguien crea un ambiente que es tan cómodo para la Divinidad y la humanidad que atrae la manifiesta presencia de Dios hasta allí para encontrarse con la humanidad y descansar en su compañía? Dios no envió un robot para liberarnos; envió a su único Hijo engendrado, y el Hijo de Dios estaba y está moviéndose con *compasión* por las personas.[4]

¿QUÉ PASA BAJO SU TECHO?

¿Piensa en los beneficios secundarios en *su* ciudad y región si se crea ese ambiente en su hogar o iglesia? ¿Cuántos milagros se producirían en su área si Dios encuentra a María y Marta trabajando juntas en la búsqueda de Dios y sirviendo al hombre *bajo su techo*?

Betania fue bendecida porque Jesús tuvo un lugar para descansar donde se servían tanto a su divinidad como a su humanidad. ¿Qué pasaría si su iglesia u hogar desarrolla alguna vez un ambiente para residir en el que usted sea capaz de hospedar al Espíritu Santo? Si aprende a hacer que Él se sienta cómodo y que también la humanidad se sienta como en casa, la manifiesta presencia de Dios puede venir a quedarse. ¿Qué beneficios secundarios le proporcionaría a *su* ciudad y región?

Sabemos que no necesariamente Dios «camina» a nuestras reuniones como Jesús lo hizo durante su ministerio terrenal, pero el efecto de la proximidad de la «sombra divina» parece ser pertinente. Cuando la manifiesta presencia de Dios entra a un lugar y permanece por cierto tiempo, el poder divino parece que se irradia y se extiende más allá de las paredes de un edificio y los límites de una propiedad para influir en cada cosa y en todos los que están cerca.

Le daré dos ejemplos de la Biblia de los efectos de la proximidad. Uno se trata del poder que irradia directamente de la Fuente de todo poder, y el otro de la manera en que el poder divino fluye a través de personas comunes y corrientes cuando nos acercamos a Él.

En el libro *En la búsqueda de Dios*, describí lo que pasó cuando Jesús, el Hijo de Dios en carne, plantó sus pies en el suelo de un lugar cedido a los poderes demoníacos:

> Cuando la planta del pie de Jesús tocó la arena de la playa de Gadara, un hombre que estaba a casi un kilómetro de distancia poseído por cinco mil demonios, repentinamente fue liberado de sus garras sofocantes por primera vez. Que cómo lo sé, preguntará usted. Marcos nos cuenta que cuando el endemoniado vio a Jesús, corrió y se arrodilló ante Él en un acto de adoración. Hasta ese preciso momento los demonios le habían dicho a este hombre a dónde debía ir y lo que debía hacer a cada instante. Él no tenía control sobre sus propias acciones, aun cuando los demonios le ordenaban herirse a sí mismo [...]

El verdadero propósito de la manifestación de la presencia de Dios en nuestras vidas es el *evangelismo*. Si podemos llevar con nosotros un remanente, una secuela de la Gloria de Dios de nuevo a nuestros hogares y a nuestros negocios, y si podemos reflejar un tenue brillo de su latente presencia dentro de las iglesias tibias e indiferentes, entonces no tendremos que suplicarle a la gente que venga en arrepentimiento ante la presencia del Señor. Ellos correrán hacia el altar cuando la Gloria de Dios rompa su esclavitud (¡y no podrán ir a ningún otro lugar!).[5]

El segundo ejemplo demuestra lo que pasa cuando el Dios más que suficiente manifiesta su presencia a través de un típico hombre de «nunca suficiente». En este caso, Dios usó un rudo, inculto y franco pescador de una remota región para revelar su divina gloria en la ciudad más grande de Israel. El avivamiento rompió en Jerusalén el día en que el Espíritu Santo descendió a la tierra para quedarse, y el efecto de la proximidad dio un vuelco extraño en la vida de Pedro en ese momento:

> *Sacaban a los enfermos a las plazas y los ponían en colchonetas y camillas para que, al pasar Pedro, **por lo menos su sombra cayera sobre alguno de ellos**. También de los pueblos vecinos a Jerusalén acudían multitudes que llevaban personas enfermas y atormentadas por espíritus malignos, y todas eran sanadas.*[6]

VOLVERSE PÚBLICO CON EL CORAZÓN ARDIENTE Y EL CABELLO HUMEANTE

Mientras más cerca camine de la Luz del Mundo, mayor será la sombra de influencia espiritual que proyectará en el mundo. Pedro salió del aposento alto y entró a la vista del público con un corazón ardiente y el cabello humeante después de su encuentro con la manifiesta presencia de Dios. Me pregunto, ¿qué habría pasado si se da un paseo por los cementerios?

¿Alguna vez ha sentido la presencia de Dios entrar precipitadamente en una reunión mientras lo está adorando? Piense en todas las personas y lugares por los que Dios ha tenido que «pasar» para descender a esa reunión. Creo firmemente que cuando Dios bendice una casa en Betania, Pensacola, Toronto, Houston, Baltimore, Kansas City,

> *«Mientras más cerca camine de la Luz del Mundo, mayor será la sombra de influencia espiritual que proyectará en el mundo».*

Pasadena, Londres o Buenos Aires, es inevitable que muchos más sean bendecidos también por su procesión.

Si usted tiene un encuentro con la presencia del Señor, no se sorprenda cuando esta *se extienda para influir en el mundo que le rodea*. Los buscadores de la Nueva Era le llamarían un aura; nosotros sabemos por las Escrituras y por las experiencias de innumerables creyentes a través de los siglos que esto es puramente la presencia de Dios que reside en nosotros, no tiene nada que ver con nosotros y todo que ver con Él.

Una vez que tiene un encuentro con su presencia que cambia la vida, llega a asumir personalmente la responsabilidad de cómo utiliza el depósito de Dios en su vida. Todo el peso de la parábola de los talentos va a influir en sus decisiones y acciones diarias como un discípulo de Cristo.[7]

A menudo, la acumulación de la obediencia o la desobediencia de la familia de Dios determinan si el avivamiento y las santas visitaciones se prolongan en verdaderas moradas o si se cortan con rapidez. Cuando Marta sirve con gozo a la humanidad en el nombre de Dios mientras estimula a María a ministrar la Divinidad, Dios se siente atraído a la casa. Cuando las dos se aprecian entre sí y echan a un lado sus diferencias para hacer un lugar permanente para que Él more, la visitación divina se convierte en habitación divina.

¿HA LIMITADO SU INFLUENCIA?

Ya hemos analizado este tema, pero es crucial que comprendamos este peligro: Usted puede limitar literalmente su influencia en la tierra si fracasa en «ir al otro lado» cuando Dios dice: «María, debes unirte a Marta por una época», o «Marta, deja tu toalla de servicio y únete a María a mis pies». De la única manera que Betania se beneficia de la presencia del Señor es por María y Marta trabajando *juntas* a fin de preparar un lugar de habitación.

Capte la visión del potencial de la divina habitación en su hogar, iglesia o área. Imagine qué pasaría si invierte su depósito de Dios en otra persona, y luego los dos trabajan juntos en la búsqueda de Dios mientras sirven al hombre. ¿Qué me dice si las personas que llenan toda una habitación experimentan un encuentro con el Dios viviente y comienzan a ministrarlo con pasión? ¿Hasta qué punto se extenderá su compasión sobrenatural a la humanidad cercana?

¡Visualice una capa de la gloria de Dios que se esparce y se extiende más allá de los confines de su apartamento, edificio de la iglesia o auditorio para invadir los bares, los hogares, los edificios de apartamentos, los clubes donde las mujeres se desnudan en público, los negocios y las escuelas en un radio de ocho kilómetros! Este es el avivamiento a la manera que Dios lo ordenó.

Existe un poder increíble en la adoración corporativa o «reunida». Esto le permite juntar o agrupar el depósito de su encuentro con Dios con los depósitos de otros buscadores de Dios que lo han «capturado». En su gracia, ¡Dios nos ayuda a llegar a la «masa crítica» cuando nuestra corporativa unción acumulada de su presencia trae toda una ciudad bajo la influencia del Espíritu!

Cuando María y Marta trabajan juntas para hacer un lugar de habitación para Dios y el hombre, la capa de la presencia de Dios se extiende más allá de los límites establecidos por el hombre o inspirados por los demonios. Nada puede permanecer en el camino una vez que la inundación de la gloria de Dios comienza a fluir.

EL PATRÓN DIVINO PARA LA PRESENCIA DE LA EVANGELIZACIÓN

La manifiesta presencia de Dios lo cambia todo. Leí algo que Jesús dijo: «Y yo, si fuere levantado de la tierra, a todos atraeré a mí mismo».[8] Jesús predijo la manera de su muerte, pero también creo que nos dio un patrón divino para lo que llamamos «presencia de la evangelización». El incidente con el endemoniado es un perfecto ejemplo de esto, pero existen además un sinnúmero de ejemplos de la actualidad.

Durante el avivamiento que se propagó rápidamente por las islas Hébridas fuera de las costas de Escocia bajo el ministerio de Duncan Campbell, la presencia de Dios brotó de una reunión de oración. Los testigos informaron que vieron hombres arrepintiéndose detrás de los montones de heno en los campos y detrás de las puertas de sus casas donde cayeron de rodillas en convicción, aunque no se había predicado ni una palabra.

La policía local le pidió a Campbell que viniera a la estación a las cuatro de la mañana porque demasiadas personas se habían congregado allí para confesar sus maldades, esto era la única cosa que sabían hacer. Como escribí en el libro *En la búsqueda de Dios*: «El evangelista se paró en las gradas o escalinatas de la estación [de la policía] muy temprano esa mañana y predicó el sencillo evangelio del arrepentimiento y de la salvación mediante Jesucristo, y un genuino avivamiento vino sobre aquel lugar».[9]

Cuando Dios acepta residir en una persona o lugar, todo llega a reordenarse para centrarse en Él porque es el centro de las energías en el universo. Cuando Jesús se humilló para dejar su lugar al lado del Padre a fin de invadir nuestro mundo a través del nacimiento virginal en Belén, todo el universo estaba esperando el llanto del recién nacido del cielo. Cuando Él intervino en el patio de recreo de satanás en Gadara, los cielos y la tierra se deleitaron al observarlo destruir una obra del enemigo de toda la vida con una palabra.

¿QUÉ HA DESATADO EN SU COMUNIDAD?

¿Puede imaginarse la influencia celestial desatada en su comunidad cuando usted trabaja con otro buscador de Dios para construir una casa de habitación para el Espíritu Santo? ¿Quién sino Dios puede decir cómo muchas vidas van a cambiar? ¿Cuántas personas se sanarán y liberarán mañana de una prematura y dolorosa muerte porque un generoso grupo de buscadores de Dios decide decir sí a Dios hoy? Si los urbanizadores terrenales pueden crear una nueva subdivisión para el hombre, ¿por qué los urbanizadores celestiales no pueden crear un nuevo lugar de habitación para Dios?

¿A cuántas personas llegará Dios debido a que las Marías y las Martas en su iglesia están de acuerdo en trabajar juntas y en armonía para buscar a Dios mientras sirven al hombre? Recuerde que incluso la más ligera concentración de la presencia de Dios en un ser humano o un grupo de personas tiene notables consecuencias en el campo terrenal:

- Moisés permaneció en la luz de la gloria de Dios y su rostro brillaba por días (Éxodo 34:29-35).

- Dios tocó al asna de Balaam y la muda bestia habló al débil profeta, salvando su vida y evitándole a Israel una maldición (Números 22:27-33).

- El profeta Elías pidió que descendiera fuego del cielo y que consumiera el agua de la tierra (junto con un sacrificio de sangre, la madera empapada en agua y las piedras del altar) (1 Reyes 18:1-39).

- El profeta Eliseo, quien tenía una doble porción de la unción de Dios, cortó un palo y lo echó en el agua para invertir las leyes de la física y hacer que un hacha de hierro flotara (2 Reyes 6:1-7).

- Los huesos de Eliseo estaban tan quemados con la presencia de Dios que, años después de su muerte, todavía tenían restos suficientes de la Divinidad que un muerto volvió a la vida después que por accidente lo dejaran caer encima de los huesos del profeta (2 Reyes 13:21).

- Con una sola palabra de Jesús, Pedro el pescador se convirtió en el Pedro que camina sobre las aguas, y todavía hablamos de esto hoy (Mateo 14:28-29).

- Después de una reunión de oración de diez días, el Pedro que negó se convirtió en el Pedro ganador de almas, y el poder de Dios era tan fuerte en él que incluso las personas se sanaban con su sombra (Hechos 2:38-41; 5:15).

- Una simple exposición de treinta segundos ante la gloria de la manifiesta presencia de Dios motivó a un ex fariseo y perseguidor de los cristianos a predicar el evangelio a pesar de haber naufragado, azotado con treinta y nueve latigazos en cinco oportunidades y apedreado y dejado por muerto (Hechos 9:1-22; 2 Corintios 11:23-27).

- Felipe el diácono servidor de las mesas estaba tan lleno de la presencia de Dios que se convirtió en Felipe el evangelista, y el primero en viajar a unas reuniones por el aire (Hechos 8:38-40).

¿Qué pasaría y quién se conmovería si usted paga el precio para convertirse en una habitación viviente de la manifiesta gloria de Dios? ¿Cuáles son las posibilidades si toda su congregación acepta el doble manto y llamado de María y Marta para construir una habitación donde la Divinidad y la humanidad se puedan sentar juntas?

Notas

1. Juan 21:25.
2. Véanse Cantares 2:3; Lamentaciones 4:20; Isaías 32:2; 51:16; Salmo 63:7.
3. Véase Marcos 2:4, donde para llegar los amigos de un paralítico abrieron el techo de una casa abarrotada. La desesperación da resultados en el reino.
4. Véanse Juan 3:16; Hebreos 4:15.
5. Tommy Tenney, *En la búsqueda de Dios*, Editorial Unilit, Miami, FL, pp. 147, 149.
6. Hechos 5:15-16.
7. Véase Mateo 25:13-30.
8. Juan 12:32.
9. Tenney, *En la búsqueda de Dios*, p. 151.

Capítulo doce

Construyamos una Betania

Donde se cruzan la pasión y la compasión

Betania parece ser el único lugar en el cual Jesús el Hijo del Hombre y Jesús el Hijo de Dios se sintieron cómodos. ¿Por qué Betania? ¿Por qué no Nazaret donde Él creció mientras era un niño? Algo hizo que la divinidad de Jesús se sintiera incómoda en Nazaret porque la Biblia dice que no hizo muchos milagros allí.[1]

En un sentido, Dios estaría más cómodo en Nínive que en Nazaret porque, al menos, la gente de Nínive se arrepintió y creyó las palabras del profeta Jonás. ¿Cómo puede ser esto?

El nivel de comodidad de Dios no se basa en la geografía ni la topología de un lugar. Nada tiene que ver con elevados campanarios, temas bíblicos representados en artísticos y brillantes vitrales, alfombra afelpada o, incluso, la falta de estos. Algunas personas adoran de manera rudimentaria y dicen: «Ah, tenemos que volver a las cosas esenciales». Otros que adoran con lujos quizá digan: «Pues bien, queremos que luzca lo más bonito posible para Dios».

A Dios no le preocupan ninguna de estas cosas. Está feliz mientras que María y Marta están en la casa, ya sea amplia y acondicionada con muebles modernos o que sea estrecha con diseños y decorados económicos.

Nínive era una ciudad idólatra con un ambiente pagano, pero Dios envió un profeta para extenderle la misericordia (aunque a pesar de todo no convirtió esa ciudad en su hogar lejos de la celestial).

En contraste, Nazaret era el equivalente de la zona de la Biblia de Estados Unidos. Es evidente que el prejuicio racial era tan volátil en Nazaret como lo ha sido en partes de nuestro mundo hoy. La gente de la ciudad donde se crió el Señor sobrepasó el límite y trató de matar a Jesús por dar a entender que Dios había rechazado a los israelitas que lo rechazaron a Él mientras hacía milagros por los no israelitas que lo aceptaron.[2]

La ciudad pagana se arrepintió y tuvo una visitación de Dios (pero no habitación). La ciudad de residencia del Hijo del Hombre rechazó y desechó al Resucitador, acarreándose una maldición.

La divina habitación no tiene nada que ver con los carteles de los límites de la ciudad ni los símbolos de dólar; tiene que ver con la hospitalidad humana. La hospitalidad de María y Marta provocó que la pequeña Betania brillara más que Belén, Nazaret y Jerusalén (los lugares de su nacimiento virginal, madurez sin pecado y muerte voluntaria en la cruz). Es evidente que su único contrincante fue un pueblo llamado Capernaum, lo cual significa «aldea confortable o de consolación».[3]

Jesús se quedó en el hogar de Pedro en Capernaum por un tiempo después que lo rechazaron en la ciudad donde se crió, Nazaret. Parece que la suegra de Pedro también sabía cómo hospedar bien su divinidad y humanidad.[4] Es lamentable, pero Capernaum (junto con las ciudades de Corazín y Betsaida) siguió los pasos de Nazaret y Jerusalén al rechazar a Jesús mientras pasaba por alto sus muchos milagros (provocando una maldición en el proceso).[5]

LAS DOS HERMANAS DE LA HOSPITALIDAD SUPERARON SUS DIFERENCIAS

Solo en Betania Jesús encontró a alguien que sabía cómo buscar a Dios mientras sirve al hombre. Las dos hermanas de la hospitalidad superaron sus diferencias de enfoques y esto les permitió «cargar la Paloma» juntas o atender la Divinidad en ambientes donde ningún otro podía. Por ejemplo, su habilidad para servir al hombre y ungir a Dios fue igual de fuerte en la casa de Simón el leproso y por todo el pueblo, como lo fue en su propio hogar.[6]

La iglesia debe convertirse en espiritualmente ambidextra si espera hacer la obra de Dios para imitar el papel de intercesor y sacerdote de Jesucristo en los cielos. Con la mano izquierda de Marta extendemos la piadosa compasión hacia la humanidad y con la mano derecha de María extendemos el apasionado amor hacia la Divinidad.

Esto exige que seamos tan creíbles y compasivos en el campo humano que digamos: «Venga a reunirse con un Personaje», y las personas en la comunidad le escucharán y vendrán. Debemos ser tan apasionados en el campo espiritual que digamos: «Señor, ven a reunirte con este personaje», y a Él le agradará sentarse en el trono de nuestra alabanza mientras la humanidad se congrega a sus pies bajo el manto de nuestra hospitalidad.

Nuestra meta es unir a las dos en la Betania espiritual, donde María y Marta sirven juntas a Dios y al hombre. *Si usted puede crear un ambiente donde María y Marta sean capaces de llevarse bien, tendrá la credibilidad para llamar a Jesús y verlo levantar a sus hermanos muertos.*

¿DÓNDE ESTÁ LA CASA EN LA QUE SE REÚNEN DIOS Y EL HOMBRE?

Vemos iglesias en todas partes del país donde solo Dios se manifiesta a unos pocos aislados, pero rápidamente deja su círculo en busca de más hijos espirituales. Incluso más iglesias dominan la habilidad para servir tan bien a la humanidad que solo se manifiesta el hombre, pues no hay provisión para Dios en su agenda ni en sus corazones.

¿Dónde está la casa en la que Dios y el hombre se manifiestan al mismo tiempo? ¿Dónde está el lugar en Betania que atrapa los corazones de Dios y el hombre en un inolvidable y continuo banquete de adoración y servicio fiel? Si las Martas y Marías en la iglesia pueden vivir alguna vez en paz, la divina visitación se convertirá en divina habitación y el mundo nunca más será el mismo.

Dios desea que nos movamos de la información a la comunicación, pero hace falta más que un simple intercambio de notas de sermones como los niños en la escuela intercambian notas en sus clases. La comunicación exige nada menos que el canje de los latidos del corazón con el Padre. Solo construimos Betanias del corazón hacia fuera. Cualquier otro método provoca desequilibrios o esterilidad espiritual. El ministerio de Pablo brotó desde el momento de su encuentro con Dios, no a partir de su amplio banco de datos teológicos. La Palabra de Dios nos equipa y guía, pero el mismo estéril sistema religioso que preparó a Pablo en las Escrituras también mató al Mesías de las Escrituras. *El conocimiento sin compañerismo es fatal.* Conozca y estudie la Palabra de Dios, pero sobre todo cerciórese de que conoce al Dios de la Palabra.

DIOS QUIERE A MARÍA Y MARTA EN LA CASA

La construcción de Betania comienza mediante la búsqueda de un encuentro divino en algún lugar entre la cocina de Marta y la adoración de María. Nuestra meta es más que una momentánea o casual visitación, es nada menos que la divina habitación.

La clave está en que el pueblo de Dios cruce la línea divisoria de la pasión y la compasión y se encuentre con Él en la convergencia de la cruz: el único punto en tiempo y espacio donde se reúnen la pasión por su presencia y la compasión por su más alta creación.

Aunque usted y yo procedamos de trasfondos diferentes, tenemos un propósito en común: Deseamos recrear la zona de comodidad para Dios y el hombre que se describe en muchos lugares de las Escrituras, el huerto del Edén,[7] el tabernáculo de David[8] y la casa de María y Marta en Betania.

«Señor, oramos con fervor: ¡Ven, Espíritu Santo! Sin embargo, también oramos con fervor: Ven, humanidad».

Jesús decidió recostar su cabeza en la casa de Betania debido al equilibrio que María y Marta demostraron mientras se ocupaban de las necesidades de su humanidad y su deidad. Este equilibrio está prefigurado en el Antiguo Testamento con el más sobresaliente tipo y la sombra de la manifestada presencia: el propiciatorio en el arca del pacto.

Técnicamente, no debemos considerar el propiciatorio como un simple asiento. En realidad, el propiciatorio es un espacio, un lugar de residencia situado entre las alas extendidas de dos querubines encima del arca.

¿HA QUITADO EL PUNTO INTERMEDIO?

Dios siempre viene a nosotros en el *medio*, «donde están dos o tres reunidos en mi nombre».[9] Si observa el propiciatorio en el arca del pacto, el punto intermedio o lugar de habitación se pierde en el momento que se quita uno de los querubines. Esto deja a Dios sin el punto intermedio. Si usted quita uno de los querubines de adoración, ya no tendrá un propiciatorio para la presencia de Dios. Todo lo que tiene es una estatua conmemorando las visitaciones pasadas en un tiempo de entereza.

Como destaqué en el libro *Answering God's Prayer* [Respuesta de la oración de Dios]:

> Por algún tiempo he estado diciendo: «En el avivamiento, el tamaño del punto intermedio determina el tamaño de la visitación». Más tarde aprendí que A. W. Tozer lo vio también y escribió de esto. Esto solo consolida mi determinación a buscar la presencia de Dios en la unidad del punto intermedio con otros hermanos y hermanas, pues anhelo su morada, no una simple y momentánea visitación.[10]

Uno de los rasgos humanos que limita severamente el avivamiento es nuestra tendencia a controlar las cosas de Dios como si fueran nuestras. Esta es otra razón por la que Dios manifiesta su presencia en el punto intermedio. En *Answering God's Prayer* escribí: «Dios no llega a usted ni llega a mí. *Llega entre nosotros de modo que todos podamos tocarlo, pero que ninguno lo podamos controlar. Él siempre busca el punto intermedio».*[11]

A Jesús le gustó la controlada tensión o interacción entre María y Marta porque Él tenía el puente suspendido entre ellas. Tenga en cuenta que la casa no es el componente más importante en la bendición de Betania. María y Marta podrían haber vivido en cualquier casa; fue la manera en que las hermanas trabajaron juntas lo que convirtió la casa en un hogar para la Divinidad y la humanidad. María y Marta recrearon el mismo lugar de paz en la casa de Simón el leproso en Betania donde Marta sirvió y María lo ungió.[12]

CONOZCA CUÁNDO DEJAR LOS DEBERES Y CAER DE RODILLAS

Muchísimos de nosotros estamos descarrilados por las rutinas del mantenimiento de la casa. Usted puede reparar la casa en espera de la visitación, ¡pero asegúrese de no perderse el momento de su llegada! *Conozca cuándo dejar los deberes y caer de rodillas ante su rostro.* En algunas iglesias, hace mucho tiempo que la carga de atender la casa de Dios desplaza al Dios de la casa.

¿Cómo evita ese error? Como dijimos antes, permita que Marta sea Marta y María sea María. La interacción natural entre las dos creará y preservará el equilibrio en el hogar que construye la hospitalidad.

A través de los años, me he asombrado de la creatividad desplegada en muchos ministerios de Marta en la iglesia. Algunas iglesias recaudan dinero para las misiones o los ministerios locales de beneficencia para los necesitados al hacer cacahuete tostado u hornear tortas todos los sábados. Algunas van tan lejos como para hacer crepes, esas especies de tortas muy finas con que la gente enrolla frutas dulces o abundante carne y salsa para el relleno, y otras venden trabajos de artesanía o mantienen continuas ventas de artículos usados. Algunas iglesias llaman a su ministerio de Marta «las damas auxiliares», mientras que otras lo llaman sencillamente «el ministerio de ayuda». Sin importar el nombre, el corazón del servicio compasivo a la humanidad era el mismo.

No sé qué tradiciones prevalecen en su iglesia local, pero es bastante seguro decir que algunas de las mismas personas que trabajarían voluntariamente todo el día para recaudar fondos o trabajar en la iglesia, estarían ausentes si las llamara a reuniones de oración. Hay sus excepciones, pero son solo eso: excepciones.

En general, las Martas son prácticamente resistentes a sentirse muy culpables en cuanto a su aversión a los extensos esfuerzos de oración o a actividades abiertamente «espirituales». Repito, esas Martas aman tanto a Dios como cualquier otro; pero se sienten más cómodas en la cocina de Marta que en el lugar de oración de María. No trate de hacer que Marta se ponga en los zapatos de María y viceversa. Enséñeles a cómo vivir en paz la una con la otra, mientras valoran entre sí sus ministerios.

LA DIVERSIDAD ES UN DON DE DIOS

Mi matrimonio fue a un nuevo nivel el día que me di cuenta que no iba a preparar a mi esposa conforme a mi imagen. ¡Gracias a Dios por eso! No demoré mucho en comprender que ella era diferente a mí por una razón, y esta es que ella siempre sería de esa manera. En primer lugar, me molestaba el hecho de que no «viéramos» las mismas cosas, ni sintiéramos lo mismo en todo. Entonces me di cuenta que nuestra diversidad era un don de Dios para preservar y fortalecer nuestra relación matrimonial.

De igual modo, Marta y María no van a ver las mismas necesidades ni sentir de igual manera en cuanto a las cosas de la iglesia local (ni siquiera en su hogar). Todo el mundo tiene puntos ciegos, y Marta y María en la iglesia están ajenas por igual a sus puntos ciegos y debilidades. La verdad es que se necesitan la una a la otra con relación a sus respectivas manchas a fin de que sean capaces de evitar los problemas en el camino. En la historia que conté acerca de conducir por «el lado equivocado del camino» en el ómnibus en Inglaterra, el conductor necesitaba la ayuda de otros para abarcar sus puntos ciegos. Sin la ayuda, podría haber chocado contra otros vehículos u objetos cuando se enfrentaba al tránsito en un territorio poco conocido.

La coordinación de los ministerios de María y Marta puede adoptar algunas formas interesantes en el escenario de una iglesia local donde cada semana se llevan a cabo todos los tipos de reuniones de María y actividades de Marta. Un pastor quizá necesite recordarle al personal de Marta un sábado: «Quiero mencionar que la noche pasada el grupo de oración intercesora oró por todos ustedes. En realidad, aprecian lo que cada uno de ustedes está haciendo aquí». Esta es una sencilla manera de valorar el ministerio de oración ante las «damas de cacahuates tostados» o a «los chicos del día de trabajo».

De la misma manera, el pastor tal vez necesite decirles a las Marías el sábado por la noche: «Vamos a entrar allí e imponer las manos en la cocina de tostar cacahuates», o «Vamos a rodear el exterior del pabellón que los hombres están construyendo, orar por la seguridad de los trabajadores y bendecir el trabajo de sus manos cada semana. En verdad, invierten un trabajo de amor en ese lugar».

ENSÉÑELES A HONRAR
O CREARÁ UN VACÍO CADA VEZ MAYOR

O le enseñamos a María y Marta a honrar los dones que cada una posee o crearemos un vacío que llenaremos con tensión y desunión que solo empeorará cada vez más. Jesús restauró el equilibrio de la casa cuando dijo: «Ahora bien, Marta, tranquilízate un minuto. María tiene razón. María escogió la mejor parte para este momento».[13]

Ahora bien, la sincera verdad es que quizá usted nunca logre que todos participen en la reunión de los viernes por la noche, ni que logre que todos salgan de la cama y se remanguen la camisa los sábados por la mañana para el ministerio de los cacahuates. Sin embargo, debe ser capaz de lograr que todos se congreguen para una reunión corporativa de adoración.

María y Marta se unen en la presencia de Dios y *en alguna parte entre la cocina de Marta y la adoración de María usted va a encontrar a Jesús*. Lo cierto es que probablemente Él tenga una más amplia definición de adoración que nosotros. Sospecho que Él puede incluso definir las pequeñeces que hacemos los sábados como una forma de adoración, pues honra las cosas que hacemos «como para el Señor».[14]

Sin embargo, no permita que la carga de cuidados por la casa de Dios desplace al Dios de la casa. Por alguna razón estoy convencido de que la Marta que preparó la comida en la cocina de Simón el leproso era una persona diferente de la Marta que se quejó de María desde la cocina en su propia casa a principios del ministerio de Jesús. Seguía siendo Marta, pero había dado un viaje al otro lado. Saboreó la maravillosa posición de María y la apreció como nunca antes.

> «*María y Marta se unen en la presencia de Dios y en alguna parte entre la cocina de Marta y la adoración de María usted va a encontrar a Jesús*».

MARTA MEZCLÓ SUS LÁGRIMAS CON LAS DE MARÍA

Estoy seguro de que mientras preparaba esta *última* comida para Jesús, Lázaro y los demás invitados de Simón, Marta mezcló sus lágrimas de dulce sacrificio y adoración con las de María. Las lágrimas de alabanza y adoración de Marta, sin embargo, cayeron en el pan que hizo por la humanidad del Señor. Sus saladas lágrimas limpiaron el fruto del vino y ungieron la comida que le ofrecería a Él.

Esta vez, el generoso servicio de Marta y el aprobatorio apoyo se convirtió en el anillo de oro que mostraba a la perfección el diamante del regalo de María de la unción por el entierro del Maestro.

Ella hizo lo que podía. No honró a Jesús mediante palabras, sino por la acción; su acto declaró que su nombre era para ella como el ungüento vertido con anticipación y mucho más precioso que el costosísimo espicanardo de la India. El precioso alabastro, aplastado por manos agradecidas, llenó con el dulcísimo perfume toda la casa en Betania; y la evidencia de esto llena toda la casa de Dios en la tierra con el olor celestial. Su acto quizá no añadió fragancia a la muerte de Jesús, pero tomó prestada la fragancia duradera de esa muerte. Su acto de ungir se ha vinculado mucho con la sepultura del Ungido del Señor, que conserva a través de la iglesia el dulce sabor del sacrificio de Cristo que prestó su perfume para siempre por el buen trabajo de María.[15]

LA MARÍA DE LA COCINA
SE UNE A LA MARTA DE RODILLAS

Ahora Marta era la «María de la cocina», y María se convirtió en la «Marta de rodillas» ante Él. Juntas, *las hermanas de Betania* se reunieron con *su hermano de la tumba* para darle a Jesús un envío que ningún otro igualaría. La comida puede haberse llevado a cabo en la casa de Simón, pero la principal fuente de comodidad natural, amor humano y nutrición espiritual una vez más vino de la casa de María, Marta y Lázaro.

¿Es posible que esta es otra aplicación más del antiguo pasaje: «Si alguno prevaleciere contra uno, dos le resistirán; y cordón de tres dobleces no se rompe pronto»?[16] *Nadie excepto el Maestro conoce cuánto necesitaba el ministerio de María, Marta y Lázaro en la noche antes de que comenzara la solitaria caminata a la cruz en Jerusalén.*

Mientras construye su Betania, recuerde la primera lección aprendida en la casa original de Betania. ¿Qué ocupa el primer lugar en la lista de prioridades cuando la manifiesta presencia de Dios entra en la casa? Déjelo todo cuando la presencia del Maestro entra por la puerta y ministra a su Primer Amor.

A.W. Tozer dijo: «La veneración es el arte perdido de la adoración en la iglesia», y Dios quiere ver la restauración de este aspecto de la adoración en la iglesia. ¿Qué es veneración? Los bebés son nuestros mejores tutores en el asunto de la veneración, pues los pequeños también hacen muy buen trabajo. Aunque mi hija menor a veces me dice: «Papá, tú cuentas demasiadas historias acerca de mí», le contaré otro incidente que Dios usó para enseñarme acerca de la adoración.

Durante sus años de preescolar, mi hija menor esperaba que la meciera para dormirse cada noche cuando estaba en casa. Pasaba cuarenta y cinco minutos meciendo a mi risueña niña cada noche, y a veces deseaba comer cereal en mi regazo. Eso sería realmente un desorden, pero estaba contento de soportarlo todo por solo treinta segundos en el paraíso de Papá. Así es como describo esos preciosos momentos justo antes de que ella se durmiera.

BAÑADO EN PURA ADORACIÓN

Ella tenía la costumbre de recostarse contra mi pecho y volver su rostro a la derecha a fin de mirarme directamente a los ojos. Luego asomaba una sonrisa en su rostro a medida que el ritmo acelerado de sus pensamientos disminuía y la rendía el sueño. En cuestión de momentos, estaba demasiado dormida para hablar, pero sus ojos destilaban amor en mi corazón. En esos momentos me bañaba en pura veneración.

Aunque mi hija es mayor ahora, esto pasó de nuevo mientras estaba ministrando sobre este tema en una conferencia y trabajando en el libro. Accedí llevar a mi hija a la piscina del hotel y también le dije a mi editor y algunas personas más que esa tarde se me unieran en el área de la piscina. Nadé un poco y salí de la piscina para hablar brevemente con mis visitantes acerca del libro. Luego mi niña dijo: «Papá, habla rápido con esas personas y ven a jugar conmigo». Admito que estaba de un lado para otro, pero finalmente todos se fueron y solo quedamos mi hija y yo en la piscina.

Jugamos como dos niños pequeños. Nadaba por debajo del agua y ella paseaba en mis espaldas, y cualquier otro juego que se nos ocurriera. Finalmente, salí a tomar aire y ella cayó en mis brazos y me miró de nuevo con esa inolvidable mirada que destilaba amor. No tenía que decir nada; solo derramaba su veneración. Luego dijo lo que a todo padre le encanta escuchar: «Papá, eres maravilloso».

¿PERDIÓ SU ADORACIÓN EN LA LISTA DE LA LAVANDERÍA?

La adoración exige la participación de María y Marta. Esto tiende a perderse en la lista de la lavandería religiosa de la mayoría de los cultos de la iglesia. Estamos tan ocupados presentando cosas, anunciando cosas, recogiendo cosas y enseñando cosas, que olvidamos decirle al Autor y Consumador de nuestra fe: «Te amamos. Eres maravilloso, Papá. No hay nadie como tú». Dios soporta mucho para obtener apenas treinta segundos de adoración pura de sus hijos.

¿Por qué no nos eximimos de las formalidades y solo miramos a sus ojos? «¿Cómo hace eso?» Todos sabemos que lo más importante es la postura de su corazón que la de su cuerpo. Hágalo para asumir la posición de María de adoración. Tal vez necesite cerrar sus ojos para mirar a los ojos al Señor. Quizá se sienta más cómodo arrodillado, parado o postrado delante de Él. Hágalo de manera que tenga que decirle de corazón: «Te amo».

Marta, te preparaste por adelantado para este momento; ahora deja el paño de secar los platos y pon a un lado los deberes para la preparación de la comida. El Pan de Vida está esperando por ti para que vengas a *su* mesa. María, ya estás lista en la posición de adoración. Ahora, dedica un momento y anima a Marta para que se una contigo a los pies del Señor, pero hazlo con humildad, amor y total estima de los dones de Marta. Su labor de amor dispuso la mesa y creó la oportunidad para tu regalo a Él.

Si ustedes dos continúan la búsqueda de su divinidad mientras sirven su humanidad, no hay razón para que termine el banquete. Siempre y cuando sus corazones sigan apasionadamente hambrientos de su presencia, y con tal de que extiendan la mano para hacer frente a las necesidades de la humanidad, su presencia no las dejará. Él les llevará de gloria en gloria mientras contemplan su rostro.[17] Su visitación se puede convertir en una morada.

LLEVE SU PRESENCIA CON USTED

Aunque deban separarse por un tiempo en lo natural a fin de que puedan criar sus familias y mantener sus trabajos, asegúrese de llevar la presencia de Dios con usted a medida que realice sus negocios. Las personas que se han resistido firmemente a sus argumentos o testimonio cristiano estarán desechas de repente mediante el depósito divino en su espíritu. Dirán acerca de usted lo que dijeron de Pedro y Juan: «Ellos habían estado con Jesús».[18] No se sorprendan cuando digan: «¿Qué pasó en ti? ¿Cómo puedo tener lo que tú tienes?»

Es como llegar a ser un dúo por la Divinidad en el cual Marta sirve y María unge. Es como cantar en armonía: usted canta la misma canción, pero diferentes partes. Es el epítome de la búsqueda de Dios y el servicio al hombre. *El día que María y Marta aprenden a cómo trabajar juntas en su casa es el día Betania que se construye en su ciudad.* El día que la presencia de Dios entra en su casa es el día que su ciudad comienza a cambiar. No se detenga ni trabaje con menos intensidad ahora: Mantenga la búsqueda de Dios mientras sirve al hombre. Selle ahora la obra del Espíritu Santo en su corazón con esta oración:

> *Padre, siento una constante lucha de tira y afloja dentro de mí. A veces no sé si adorar o hacer buenas obras. Estoy preocupado por lo que veo a mi alrededor, y estoy preocupado por lo que siento encima de mí en el espíritu,*

pero no tengo la sabiduría para conocer la diferencia entre los dos.

Hay un calidoscopio de trasfondos, dones, habilidades y necesidades en la iglesia local, Señor, y necesitamos tu ayuda si esperamos trabajar alguna vez juntos para construir tu habitación.

Padre, haznos apasionados y pon en nuestro corazón el fuego del hambre por ti. También te pido que eleves nuestro nivel de compasión. No sorprende que la iglesia no se aventure en el campo de lo milagroso, Señor, hemos abandonado a nuestros hermanos y tú no puedes bendecir nuestro descuido.

Señor, ayúdanos a construir una Betania, una casa de equilibrada pasión y compasión. Enséñanos tus caminos, Señor. Ayúdame, y ayuda a todo el mundo en la iglesia local, a vivir con la tensión entre la María y la Marta dentro de nosotros. Guíanos al lugar de residencia de la Paloma en algún lugar entre la postura de adoración de María y la cocina de Marta.

Debemos tocar a ambas si vamos a convertirnos en un puente entre dos mundos. Ayúdanos, Señor. No permitas que lleguemos a estar encallecidos. Padre, perdóname por cada vez que he sido insensible a ti y al hombre. Me propongo guardar mi corazón y permanecer amoroso.

Estamos construyendo una casa Betania para ti, Señor. Iremos tras ti en una apasionada búsqueda, aunque también le extenderemos la mano a la humanidad en compasivo servicio. Ven, Espíritu Santo, y atrae a todos los hombres a Jesús cuando lo ensalzamos en nuestra casa de hospitalidad. Amén.

Epílogo

Es muy importante entrar en acción cuando la verdad haga mella en usted. *Dios está esperando que le adoremos y el hombre está esperando que le sirvamos.*

Búsqueda de Dios: seguirlo con pasión. Él desea su adoración.

Servicio al hombre: servicio compasivo a él. Ofrézcase como voluntario en su banco de alimentos local, para ayudar en un refugio. Busque un necesitado y supla su necesidad.

La tierra necesita más Martas; los cielos necesitan más Marías.

Este es el llamado al altar oficial de este libro. Es el momento de que las manos de Marta estén sucias y las rodillas de María estén encallecidas.

Notas

1. Véanse Mateo 13:54-57; Lucas 4:16-30.

2. Véase Lucas 4:24-30.

3. James Strong, *Nueva Concordancia Strong Exhaustiva*, Editorial Caribe, Inc., una división de Thomas Nelson, Inc., Nashville, TN—Miami, FL, 2002, **Capernaum**, definiciones hebreas #2584, 3723 y 5151.

4. Véase Lucas 4:31-39.

5. Véase Mateo 11:21-24.

6. Véanse Lucas 10:38-42 (en la casa de María y Marta); y Mateo 26:6-13; Marcos 14:3-9; Juan 12:1-8 (en la casa de Simón).

7. Véase Génesis 3:8. Se da a entender, aunque no esté definido, que Adán y Eva acostumbraban a reunirse con Dios durante sus paseos. Al parecer, el Señor no se sorprendió que ellos escucharan su voz ni que estuvieran en el huerto; Él se preocupó por su temor (desconocido hasta que el pecado entró en sus corazones), de que se ocultaran y de su desobediencia.

8. Véase 2 Samuel 7:18-21,25-29 (NVI), donde David *se presentó ante el Señor* (ante el arca del pacto) después que el profeta Natán le dijo que no construiría una casa permanente o fija para Dios. Véase también Hechos 15:16-17, donde Dios dice que reconstruirá el tabernáculo de David, el cual había caído. Dios y el hombre se reunieron con toda confianza en el tabernáculo de David, pero esto nunca ocurrió a escala pública en los edificios permanentes hechos para Dios.

9. Mateo 18:20a, LBLA.

10. Tommy Tenney, *Answering God's Prayer* [Respuesta de la oración de Dios], Regal Books, una división de Gospel Light, Ventura, CA, 2000, p. 23. Este capítulo se le añadirá a *El equipo soñado por Dios*, edición en tapa dura, primavera de 2002.

11. Tommy Tenney, *Answering God's Prayer*, p. 16. Este capítulo se le añadirá a *El equipo soñado por Dios*, edición en tapa dura, primavera de 2002.

12. Véanse Mateo 26:6-13; Marcos 14:3-9; Juan 12:1-8.

13. Esta es mi paráfrasis moderna de Lucas 10:41-42.

14. Este principio está revelado en Efesios 6:5-9.

15. A. Moody Stuart, *The Three Marys* [Las tres Marías], p. 197.

16. Eclesiastés 4:12.

17. Véase 2 Corintios 3:18.

18. Véase Hechos 4:13, LBLA.

 GodChasers.network (la red de buscadores de Dios) es el ministerio de Tommy y Jeannie Tenney. El deseo del corazón y el mandato del ministerio de ellos es la unificación del cuerpo de Cristo y la búsqueda de la presencia de Dios… no solo en las iglesias, sino también en ciudades y comunidades por todo el mundo.

Cómo ponerse en contacto con nosotros:

Por correo:

GodChasers.network
P.O. Box 3355
Pineville, Louisiana 71361-3355
USA

Por teléfono:

Voz: 318.44CHASE (318.442.4273)

Fax: 318.442.6884

Pedidos: 888.433.3355

En Internet:

Correo electrónico: **GodChaser@GodChasers.net**
Sitio de web: **www.GodChasers.net**

Únasenos hoy

¡Cuando usted se una a **GodChasers.net**, le enviaremos un casete de enseñanzas gratis y nuestra carta con detalles acerca del ministerio!

Si usted comparte nuestra visión por un avivamiento personal y corporativo, y quiere estar al día sobre cómo el Señor está usando a GodChasers.net, tenga la bondad de agregar su nombre a nuestra lista de colaboradores del ministerio. ¡Nos gustaría mantenerlo informado de los fuegos de avivamiento que son encendidos alrededor del mundo por intermedio de Tommy y del equipo de buscadores de Dios! También le enviaremos el programa de actividades actualizado y le informaremos acerca de los nuevos recursos que se añadan.

Corra con nosotros llamando o escribiendo a:

> Tommy Tenney
> GodChasers.network
> P.O. Box 3355
> Pineville, Louisiana 71361-3355
> USA

318-44CHASE (318.442.4273) o inscríbase en línea en:
www.godchasers.net/lists/mailinglist.html

Lamentamos mucho que por el momento solo podamos enviar correo regular a residentes de Estados Unidos. Si usted vive fuera de este país, también puede añadir su dirección postal a nuestra lista de correo (y empezará a recibir automáticamente nuestros envíos tan pronto como se comiencen a distribuir en su zona geográfica).

Lista de avisos por correo electrónico

Si desea recibir información de parte nuestra por vía de correo electrónico, cuando visite nuestro sitio de Internet, ¡denos su buzón de correo electrónico y háganos saber que desea ser incluido en la lista de avisos por correo electrónico!

Busque a Dios con nosotros
Programa de lecturas bíblicas diarias
por correo electrónico

UNA INVITACIÓN A CORRER

Si usted ya tiene un plan de lecturas bíblicas diarias, lo felicitamos. Si aún no lo tiene, lo invitamos a unirse con nosotros a leer la Palabra de Dios. Sencillamente vaya a nuestro sitio en **www.godchasers.net** y haga clic en **Chase God** para inscribirse ¡y empezará a recibir las lecturas diarias! Para leer toda la Biblia en un año, solo se requiere dedicarle unos minutos al día. Halle la fecha de hoy y continúe fielmente durante los próximos doce meses.

Si se salta un día, no se desanime. No permita que reveses menores se conviertan en obstáculos mayores. Recuerde que la meta no es seguir religiosamente un «programa», sino pasarse un tiempo con Dios en su Palabra.

Si se halla en una situación en que pierde días frecuentemente y se ve tentado a darse por vencido, ¡no lo haga! Sencillamente no haga caso de las fechas y lea una porción siempre que pueda. Quizá no sienta que esté progresando, pero según avance en las lecturas verá cuánto progreso habrá hecho realmente y se animará a continuar.

Pasantía ministerial
de los buscadores de Dios

Me entusiasma anunciar el nuevo Programa de Pasantía para Buscadores de Dios concebido para adolescentes y adultos jóvenes. ¡Quiero formar a la próxima generación de buscadores de Dios para que puedan pasar esa pasión a sus amigos y comunidades! Este programa, que funcionará todo el año, incluirá tiempo en el aula, aplicación práctica y la oportunidad de acompañar a mi equipo en un viaje de ministerio. No se trata de un campamento de verano o de unas vacaciones… será trabajo arduo. Implicará mucho sacrificio. Se desafiará a los participantes llevándolos más allá de sus zonas de comodidad. Será un tiempo intenso, sin insensateces y saturado de poder. ¡Verdadero trabajo! ¡Verdadero ministerio! ¡Verdadero destino!

Tony

¡Corra con nosotros!

Conviértase en socio mensual del avivamiento de los buscadores de Dios

Dos hombres (un agricultor y su amigo) contemplaban una tarde los campos del primero. Era un panorama hermoso… Estaban próximos al tiempo de la cosecha, y el trigo se movía suavemente con el viento. Inspirado por tal escena idílica, el amigo del campesino le dijo:

—¡Contempla la provisión de Dios!

—¡Tenías que haber visto estos campos cuando Dios los atendía Él solo! —contestó el granjero.

Esta historia humorística ilustra una seria verdad. Cada dádiva buena y perfecta proviene de Él, pero se supone que seamos mucho más que simples receptores pasivos de su gracia y bendiciones. Nunca debemos olvidar que solo Dios puede hacer que una planta crezca… *pero es igualmente importante recordar que se nos ha llamado a hacer nuestra parte sembrando, regando y segando la cosecha.*

Cuando siembre semillas en este ministerio, nos ayudará a alcanzar a personas y lugares que usted jamás podría imaginarse. El apoyo fiel de individuos como usted nos permite enviarles recursos gratuitamente a muchos que, de no ser así, les sería imposible obtenerlos. Sus donativos nos ayudan a llevar el evangelio por todo el mundo… incluso a países que han estado cerrados a la evangelización. ¿Consideraría usted en oración convertirse en un socio nuestro en el avivamiento? Como una pequeña muestra de nuestra gratitud, los socios en el avivamiento que envíen mensualmente un donativo de veinte dólares o más recibirán todos los meses un casete de enseñanzas y una carta del ministerio. ¡Este ministerio no podría sobrevivir sin el apoyo fiel de socios como usted!

¡Respáldeme ahora… para que más tarde podamos correr juntos!

En persecución perseverante

Tommy Tenney

Tommy Tenney
y el equipo de GodChasers.network

Conviértase en un socio mensual en el avivamiento llamando o escribiendo a:

Tommy Tenney/GodChasers.network
P.O. Box 3555
Pineville, Louisiana 71361-3355
318.44CHASE (318.442.4273)